中国脱贫攻坚
县域故事丛书
County-level Story Series on
Poverty Alleviation in China

中国脱贫攻坚
互助故事

全国扶贫宣传教育中心 组织编写

人民出版社

目　录
CONTENS

序言　脱贫攻坚筑梦小康

互助土族自治县（以下简称"互助县"）位于青海省东北部，地处祁连山脉东段南麓、黄土高原与青藏高原过渡地带，是土族最多、

彩虹故乡

土乡风情

最为集中的地方，被誉为"彩虹的故乡"。国土面积 3424 平方公里，总人口 40.15 万人，其中城镇人口 9.62 万人，乡村人口 30.53 万人。有土族、藏族、回族、蒙古族等 28 个少数民族人口 11.21 万人，占 27.91%。其中，土族 7.47 万人，占 18.61%，是全国唯一的土族自治县。

互助是习近平总书记特别关心关爱的地方。2016 年 8 月 23 日，习近平总书记冒雨到五十镇班彦村视察易地扶贫搬迁工作，看望土乡各族干部群众，给我们带来了党和国家的亲切关怀，为 40 万土乡儿女注入了不甘落后、奋勇争先的不竭动力。近年来，互助县始终牢记总书记的殷切嘱托和"四个扎扎实实"重大要求，以习近平新时代中国特色社会主义思想为指导，团结带领全县各级干部群众深入实施"五四战略"，奋力推进"一优两高"，不断加快"三园"引领"三县"建设，全县经济社会发展呈现稳中有进、稳中向好的良好态势。

八眉猪产业

2018 年，完成地区生产总值 110.7 亿元，增长 8.5%；完成固定资产投资 58 亿元，增长 9.4%；地方公共财政预算收入 3.3 亿元，增长 3%；规上工业增加值 9.4 亿元，增长 10.6%；城镇常住居民人均可支配收入 30015 元，增长 8%，农村常住居民人均可支配收入达 10748 元，增长 9.6%。

互助有厚实的农业基础，正在建设现代农业示范县。互助是全省农业大县，耕地面积 110 万亩，占全省耕地面积的 1/8，已发展成为全国最大的八眉猪保种基地、北方最大的杂交油菜制繁种基地、全省最大的脱毒马铃薯繁育基地和全省重要的粮食生产及"菜篮子"基地，油菜和马铃薯产量分别占全省的 1/4。在双国家级高原现代农业示范园区的引领下，全县种养业特色化、品牌化不断提升，流通体系日趋完善，新型经营主体蓬勃发展，建成了一批特色制繁种基地、循环农业示范点、休闲观光农业示范基地，2018 年实现农牧业总产值 30 亿元。举办了青海互助首届中藏药材展销会，"互助当归""互助

互助风景

地下埋藏酒窖

黄芪""互助大黄"成功申报国家农产品地理标志。塘川农业产业园被认定为第一批省级现代农业产业园。先后被评为全国农村创业创新典型县、全国农村一二三产业融合发展先导区，全省重要粮食生产和"菜篮子"基地的地位不断巩固。

互助有优良的生态环境，正在建设生态经济强县。生态是互助最大的发展优势，县内自然生态环境优美，森林覆盖率达 42.3%，居全省前列。北山国家森林公园自然生态体系完好、动植物种类丰富，是天然的高原氧吧。北山林场、南门峡林场等风景秀丽，极具开发潜力。我们紧紧围绕建设生态经济强县的定位，把"生态＋理念"融入产业发展，充分挖掘我县特有的生态资源禀赋，积极发展康养休闲、徒步旅游、林下经济、中药材精深加工等生态利用型、循环高效型、低碳清洁型产业，工业结构进一步优化，形成了以青稞酒酿造、生物制药、民族工艺品和农副产品加工为主的绿色产业体系，产品供给逐步从数

百花争艳

油菜花海

量增长转向品质高效。绿色产业园成为全省工业转型升级 15 个重大产业基地之一。建成了全国最大的青稞酒生产和原产地保护基地，青海互助青稞酒股份有限公司成为在深交所中小板块上市的首家青海企业。

互助有丰富的旅游资源，正在建设高原旅游名县。县域内丰富的人文景观、生态景观和田园风光融合荟萃，宗教文化、民俗文化和青稞酒文化多姿多彩，具有开发前景的旅游资源遍布全县，成功创建了全省第三个国家 5A 级旅游景区，土族故土园通过赋能管理吸引力持续增强，东和麻吉和威远镇卓扎滩乡村旅游走在全省前列，吸引着越来越多的省内外游客。2018 年全县接待游客人数突破 400 万人次，旅游收入突破 20 亿元，首次实现"双突破"。产业结构日趋优化，新动能、新业态培育已见成效，以旅游业为主的第三产业成为经济增长的主动力。2018 年新增服务市场主体 2193 家，增长 5.9%，完成第三产业增加值 49.6 亿元，增长 7.6%；拉动社会消费品零售总额 18.5

新家园新面貌

亿元，增长 6.5%。三次产业结构从"十二五"末的 18.2∶45.8∶36 优化为现在的 19.1∶36.1∶44.8，第三产业比重首次超过二产，全县经济结构开始由工业主导向服务业主导转变。

互助县是六盘山集中连片特困地区之一，贫困人口多、贫困程度深、致贫因素多、脱贫难度大。自精准扶贫工作开展以来，在党中央国务院和省市委的坚强领导下，县委、县政府带领全县各族干部群众团结一心、众志成城，以习近平新时代中国特色社会主义思想为指导，认真贯彻中央和省市脱贫攻坚决策部署，按照"三年集中攻坚、两年巩固提升"的总体目标，举全县之力强力推进脱贫攻坚工作，重视程度之高、政策举措之实、投入力度之大、社会参与之广前所未有，全县上下呈现出关注扶贫、参与扶贫、倾力扶贫的生动局面。全县贫困发生率从 2015 年底的 14.1% 下降至 2018 年底的 0.26%，九年义务教育巩固率达到 98.3%，城乡居民基本养老保险参保率达到 100%，城乡居民基本医疗保险参保率达到 100%，脱贫人口错退率和贫困人口漏评率均低于 2%，综合贫困发生率低于 3%，群众认可度高于 90%，已达到整体脱贫摘帽条件，解决了区域性整体贫困问题，2019 年 3 月底接受脱贫摘帽第三方评估验收，5 月 15 日经青海省政府公告退出贫困县序列。

如今，漫步土乡城区，华灯新路，城楼焕新，一座全新雅致的如画高原新城；徜徉景区，名景升级，游人赏醉，文化旅游红火旺盛；行走乡村，青山绿水，稻浪叠金，仿佛一幅色彩斑斓的大地画布。今日互助，正朝着建设高原旅游目的地的目标，砥砺奋进，阔步向前，"彩虹故里"这张亮丽的名片更加熠熠闪光。

第 1 章

上下同心齐力干
敢教日月换新天

第一节 制度统筹，下好扶贫"一盘棋"

消除贫困，改善民生，逐步实现共同富裕，是社会主义的本质要求。精准扶贫开展以来，互助县委、县政府把扶贫开发工作摆到最突出的位置，将健全体制机制作为实现脱贫攻坚常的关键。互助县严格落实"双组长""双指挥长"制，县、乡、村三级层层成立脱贫攻坚工作领导小组，构建了"县有指挥部、乡有工作站、村有工作室"的工作格局，"横向到边、纵向到底、覆盖全局"，形成全县"一盘棋"的攻坚合力。

一、建强脱贫攻坚"指挥部"

2015 年 12 月 25 日，青海省委、省政府出台了《关于打赢脱贫攻坚战提前实现整体脱贫的实施意见》（青发〔2015〕19 号），以落实党中央精准扶贫战略。省、市、县、乡、村层层签订了脱贫攻坚责任书，立下军令状。互助县委、县政府带领全县党政干部立下"愚公志"，背水一战，带着人民的期盼，向贫困宣战。

为打赢脱贫攻坚战，互助县始终将脱贫攻坚作为重大政治任务、第一民生工程、全县头等大事来抓。2015 年，互助县成立由县委书

脱贫攻坚责任书

记、县长任"双组长"的县扶贫开发领导小组和"双指挥长"的县脱贫攻坚指挥部。领导小组、指挥部牵头抓总，确保脱贫攻坚各项工作有序推进。

领导小组会议是精准扶贫的核心平台，在整体上进行"高位推动"。通过召开领导小组会议，国家政策可以有效传达和落地；地方的需求和困难可以"下情上达"；部门之间、上下级政府之间以及单位之间的阻滞可以被疏通。

在领导小组之下，还设有指挥长、办公室和工作组。

脱贫攻坚责任状

指挥长除了"双组长"，还包括县委常委、副县长、人大常委会副主任、政协副主席、人民法院院长、检察院检察长等 17 人，共 19 人组成。指挥部成员单位包含了各县直部门、事业单位和社会组织等 49 个单位，以及 19 个乡镇党委书记和乡镇长。

指挥部下设指挥部办公室和 8 个工作组。指挥部办公室设立于扶贫局，由副县长担任办公室主任，扶贫局局长担任办公室副主任，负责脱贫攻坚日常工作。8 个工作组包括产业扶贫组、基础设施组、平安建设组、宣传报道组、金融扶贫组、社会保障组、管理考核组、督导巡查组。

"指挥部 + 工作组"的结构性安排，一方面，符合功能分殊原则，能提高政策实施效率。扶贫政策承载了"一有、两不愁、三保障"等

互助县精准脱贫攻坚指挥部扩大会议

互助县扶贫开发领导小组会议

多项政策目标，涉及多个部门。围绕精准脱贫各项目标，对多个部门分工应对，能够明确各主体的权责分工，确保精准扶贫有序高效展开，为精准扶贫提供组织保障。另一方面，能够广泛动员各部门力量。通过将几乎所有职能部门纳入扶贫体系，指挥部可以对所有成员单位进行统一指挥和集中协调，极大地提升了精准扶贫的体制性力量。

二、筑牢脱贫攻坚"基础堡垒"

互助县19个乡镇均成立了扶贫工作领导小组，由乡镇党委书记担任组长，下设精准扶贫服务中心，由乡镇长担任中心主任。精准扶贫服务中心下设领导小组办公室和基础设施建设组、扶贫产业培育组、组织管理组、督导考核组4个工作组。

督导考核组由乡镇纪委书记担任组长，配备纪检干部和纪检委

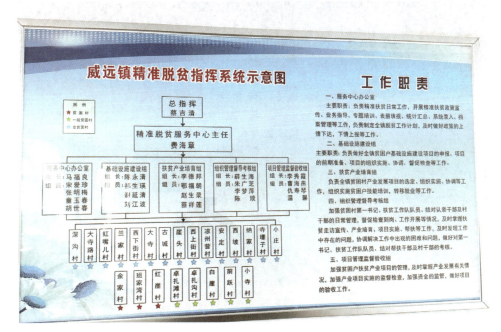

威远镇精准脱贫指挥系统示意图

员，其主要职能是配合乡镇纪委监督考核乡镇干部和驻村工作队扶贫工作落实情况。组织管理组由分管乡镇组织管理工作的党委副书记担任组长，主要负责第一书记和驻村（扶贫）干部的管理。互助县创新地提出了"五个一"管理法用以第一书记和扶贫（驻村）干部的组织管理和工作考核。基础设施建设组由主管乡镇基础设施建设的副镇长担任组长，主要负责配合县级职能部门和中标商开展工作，"牵线搭桥"。扶贫产业培育组由主管农业的副镇长担任组长，主要负责帮助贫困户实施到户产业确保到户产业资金等发挥最大效益。

乡镇政府下设服务中心办公室，通过增进人员和改善设施，以提高乡镇政府的脱贫攻坚能力。在人员方面，精准扶贫以前，乡镇只有两个人负责扶贫，一个是主管扶贫的乡镇领导，一个是扶贫干事，而扶贫干事往往是兼职。自2015年起，各乡镇精准扶贫领导小组办公室设立一名扶贫专干，专门负责扶贫事项，同时配备一名兼职干部，负责收发文等事项。不仅如此，针对不同的脱贫任务，乡镇会通过抽

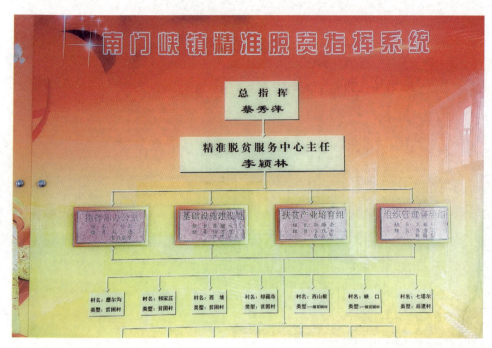

南门峡镇精准脱贫指挥系统

互助县东沟乡扶贫攻坚指挥部办公室

调、临聘等方式补充扶贫力量。例如，五十镇精准扶贫办公室抽调了两名村干部以增强扶贫力量。在设施方面，大量乡镇强化了领导小组办公室的独立性。例如东沟乡、五十镇为了加强扶贫工作的开展，2017 年将领导小组办公室从党政办公室中分离，单独成立了领导小组办公室。

三、夯实脱贫攻坚"前沿阵地"

互助县在各村设立了精准扶贫领导小组，由村支部书记、村委主任担任双组长，村委会主任为直接责任人，其他村干部为具体责任人，签订脱贫攻坚责任状，负责总领精准扶贫工作。各村成立精准脱贫工作室，成为打通精准扶贫"最后一公里"的前沿阵地。

基层堡垒的强化与乡镇的支持密不可分。根据文化习俗、地理区位等因素，乡镇针对各村进行片区划分，每个片区由一个乡镇班子领导作为包片干部，每个村都由一名乡镇工作人员作为驻村联络人。包片干部统筹全片区精准扶贫工作，负责任务分配、进度考察以及汇报总结。乡镇驻村干部则联结乡镇和第一书记以及村"两委"，协助第一书记完成帮扶任务。

此外，在每个贫困村均派驻第一书记和驻村工作队，指导并协助村"两委"开展精准扶贫工作。省、市、县三级政府向 118 个贫困村、3 个深度贫困乡镇的 24 个非贫困村选派了 142 名第一书记和 326 名工作队员。互助县在海东市率先为有 40 户以上贫困户的 25 个非贫困村分别选派了 1 名"全脱产"驻村干部。省、市、县共计 1.04 万名干部与所有贫困户结成帮扶对子，做到了"帮困不漏户、户户有干部"，实现了县级领导包乡、部门单位联村、帮扶干部到户三个"全覆盖"。

从工作机制来看，为完成"村出列""户销号"，各村设立了多个扶贫开发工作组。例如，由村"两委"和驻村工作队组成精准识别

五峰镇北沟村党员搬入新修建活动阵地

贫困村干部在村工作室商讨政策

评审领导小组，负责精准识别；红白理事会负责村内"移风易俗"，对村内红白喜事的规模和资金投入进行监督；到户产业专项帮扶小组，确保到户产业、扶贫资金和有关扶贫政策落实到村、到户、到人。

第二节　党建引领，凝聚攻坚力量

互助县始终坚持上下联动、精准选派、统筹调配，用最优秀的干部服务脱贫攻坚。为完成脱贫攻坚任务，各部门选择责任心强、能力强的年轻干部担任第一书记，选派干部组成驻村工作队。在管理方面，互助县创新实施了"五个一"管理机制。从能力提升方面来看，互助县展开了多元化、常态化和制度化的业务培训，锤炼出了作风扎实的脱贫攻坚队伍。

一、创新管理工作机制

在第一书记和扶贫（驻村）工作队干部管理工作中，针对部分第一书记和扶贫（驻村）工作队干部思想认识不到位、目标任务不明确、政策宣传不到位、履职情况难评价及县直相关部门监督管理不到位等问题，互助县探索推行以"践行好一份承诺书、晾晒好一份月绩单、讲授好一堂月课、记录好一本工作日志、落实好一项决策机制"为主要内容的"五个一"管理工作，在全县 132 个贫困村、后进村和维稳重点村设立"五个一"管理工作落实情况晾晒台，全面落实第一书记和扶贫（驻村）工作队工作责任，有效推动了全县扶贫（驻村）工作顺利开展。

"五个一"工作法

践行好一份承诺书。实行扶贫（驻村）工作年承诺制度，年初每名扶贫（驻村）干部作出帮扶工作承诺，签订扶贫（驻村）工作承诺书，并在晾晒台进行晾晒，接受广大群众的监督。同时，由乡镇党委和派出单位主要负责人每季度对第一书记和扶贫（驻村）工作队工作进展情况给出评价意见，推动扶贫（驻村）工作各项任务落到实处。

晾晒好一份月绩单。实行扶贫（驻村）工作队月工作实绩晾晒制度，要求第一书记和扶贫（驻村）工作队结合所驻村实际，研究制定切实可行的月工作计划清单，科学细化分解工作，主动推动工作落实。同时，将月工作计划清单和工作实绩报告单在晾晒台进行公示，通过逐步建立倒逼工作机制，有效促进扶贫（驻村）各项工作任务落到实处。

讲授好一堂月课。结合农村党组织固定党日活动，实行第一书记月课堂制度，通过第一书记亲自授课或邀请县内外政策理论宣讲员、法律工作者、产业技术专家、致富能手"现身说法"等形式，定期讲授精准扶贫政策法规、基层党建、产业项目实施以及"种、养、加工"等农业科技知识，答疑释惑，不断开阔群众创业视野，提升脱贫致富能力。

记录好一本工作日志。县委组织部统一印制了《扶贫（驻村）干部工作日志》。驻村期间，扶贫（驻村）干部把"工作日志"作为深入基层、联系群众、开展民情调研、帮助群众解决实际问题的有效载体，随时随地了解和记录群众生产生活中的困难、意见和诉求，并将每日主要工作内容归纳总结后进行晾晒，接受广大干部群众的监督。

落实好一项决策机制。严格落实"四议三定两公开一注重"

村级民主决策制度，在识别贫困户、落实各项扶贫政策、扶贫资金使用及其他涉及广大群众切身利益的工作时，及时召开村"两委"会、党员会和群众大会反复讨论研究，进行民主决策，确保各项工作科学化、制度化、规范化开展。

台子乡直沟村第一书记朱海俊在讲党课

互助县"五个一"举措晾晒台

这一做法得到了中央和省市有关部门的肯定。国务院扶贫办、省委办公厅、省委组织部和市委组织部先后对互助县"五个一"管理工作以信息简报形式进行了刊发。青海省领导批示："互助县驻村扶贫工作队'五个一'做法可推广，墙内开花要先香。""表扬既是肯定，更是鞭策，应戒骄戒躁，久久为功。"

二、提升干部业务能力

互助县通过组织第一书记述职、开展集中培训、专题宣讲、实地观摩和外出学习等方式，持续加强对第一书记和扶贫（驻村）干部的教育培训工作，打造了一支懂扶贫、会帮扶、作风硬的扶贫干部队伍。同时，互助县编印发放《扶贫工作政策及制度汇编》和《扶贫（驻村）干部工作日志簿》，为选派干部提供方便。

第一，第一书记述职大会。自精准扶贫开展以来，互助县每年都会召开第一书记述职大会。会上，第一书记结合各自工作实际，逐一汇报扶贫工作的开展情况、心得体会以及今后努力的方向。所在镇的党委书记会对每名述职的第一书记进行点评。述职大会增进了第一书记之间的学习交流，宣传了先进典型和先进经验。行之力则知愈进，知之深则行愈达。

第二，县委党校培训学习。互助县每年定期组织轮训班给乡镇、村进行全覆盖培训。互助县县委党校安排了大量专家围绕农村集体经济发展、扫黑除恶、民族团结等主题，为村干部授课，全面提升村干部的整体能力和素质。2015年10月以来，互助县先后举办全县扶贫干部轮训班31期，累计培训4325人次，为第一书记和驻村工作队员明确工作职责、理清工作思路、提升工作能力、保质保量完成扶贫（驻村）任务提供了具体的指导意见和可借鉴的方法及经验。

第一书记述职大会

摩尔沟村第一书记主持脱贫日，通过对先进典型的宣传，发挥先进典型的激励示范作用，形成"比学赶帮超"的浓厚氛围

精准扶贫（驻村）干部培训班

精准脱贫业务知识专题培训会

精准脱贫攻坚知识专题培训班

◆◆ 案例 ···

2020年6月12日，为全面巩固脱贫攻坚成效，坚决打赢脱贫攻坚收官战，提升全县扶贫工作者业务能力和综合素质，确保顺利通过国家脱贫成效普查，互助县针对扶贫干部举办巩固脱贫攻坚成效专题培训班。培训班上，市委党校副校长陈习新作了题为《深刻领会习近平精准扶贫思想、推动海东物质精神双脱贫》的专题讲座；丹麻镇补家村第一书记唐波、平安区洪水泉乡马圈村第一书记胡国华、中国电信海东分公司技术人员裴兴科分别就抓党建促脱贫攻坚、产权制度改革及村集体经济发展和海东市智慧扶贫信息平台介绍等方面的内容作了细致地授课和讲解。

巩固脱贫攻坚成效专题培训班

第三，专题集中宣讲。为提升扶贫驻村干部能力，互助县组织开展集中宣讲的方式，为他们更好地履行工作职责"充电蓄能"。集中宣讲的第一步是针对宣讲团进行培训，以明确开展宣讲活动的意义，强化责任担当。要求宣讲团成员充分准备宣讲提纲的基础上，开展试讲、互评活动，让宣讲组成员互助学习交流，取长补短，确保了宣讲活动的针对性、实效性。目前，互助县先后举办扶贫驻村干部集中培训班3期，累计培训62人次，提高了政策理论水平，提振了工作信心。培训之后，由宣讲团对全县各乡镇进行全覆盖宣讲。

◆ ◆ 案例

思想脱贫集中宣讲活动

2017年，为有效解决贫困群众观念落后、思想贫困问题，不断激发和强化贫困群众内生动力，增强贫困群众自我脱贫意识，县扶贫开发领导小组办公室及时安排部署，在全县19个乡镇开展

思想脱贫集中
宣讲活动。

　　此次活动
主要宣讲习近平
总书记关于精
准扶贫工作的
系列讲话精神；
中央、省、市
和县关于精准
扶贫工作的决
定、政策和文
件精神；产业
扶持、培训转
移、社会保
障、创业政
策、互助资金
等政策；贫困
户自主发展产
业、勇敢走出
去打工就业、

集中宣讲

不等不靠苦干实干的典型案例。

　　结合宣讲活动，宣讲团为各乡镇、贫困村驻村工作队和贫困户发放《精准扶贫政策选摘》彩页 25000 张、发放《精准扶贫政策汇编》20000 余册、发放《习近平总书记关于扶贫开发论述摘编》14510 册。通过贫困户发放全覆盖，党的各项方针、惠民富民政策宣传做到家喻户晓、人人皆知。

　　第四，示范村实地观摩。互助县驻村干部、村书记、村主任以及后备干部分批次先后前往示范村组团观摩学习，一方面学习

卓扎滩村乡村旅游

借鉴其他村成功经验，通过学习发现自身问题，完善政策方案。另一方面，通过观摩示范村的推进成果，提振村"两委"脱贫攻坚的信心。例如，威远镇卓扎滩乡村旅游项目实施较为成功，不仅带动了本村集体经济的发展，也增强了其他村干部发展乡村旅游的信心。

第五，挂职锻炼。2019年，通过东西部协作，互助县选派了40名优秀村干部到无锡挂职副书记、副主任，跟着当地书记、主任，进行为期一个月的跟班学习。同时，第一书记也有机会到无锡参加"技能大比武"等活动，通过亲眼看、亲耳听，切身体会到差距，开阔视野、更新观念，明白自身的短板、弱项，对今后取长补短、改进工作方法、提高工作水平具有很好的指导意义。

第三节 领导视察，攻坚再攻坚

互助县脱贫攻坚的伟大成就离不开党中央和上级政府的"高位推动"。2016 年 8 月 23 日，习近平总书记来到互助县调研考察，实地了解实施易地扶贫搬迁的班彦村的情况，并就"脱贫攻坚"工作作出重要指示。此后，党中央、青海省、海东市各级部门认真学习习近平总书记讲话精神，高度重视互助县脱贫攻坚任务，相关领导多次前往互助县视察工作，共同推进扶贫工作的开展。

一、习近平总书记互助之行：一枝一叶总关情

2016 年 8 月 23 日上午，习近平总书记来到海东市互助县五十镇班彦村，考察易地扶贫搬迁新村建设情况。在新村建设工地，总书记冒着蒙蒙细雨，走过尚未完工的泥泞道路，来到村民吕有章的新家，察看房屋格局，了解施工进展，关心火炕取暖效果。班彦村旧村处在生存条件十分恶劣的地带，山上不通自来水，村民们用的都是窖水。看到新居的院子里两个水桶装上了自来水，总书记说，新村水、电、通信都方便了，希望乡亲们日子越过越好！

随后总书记来到土族贫困户吕有金家，同一家人围坐一起观看旧村状况的视频。得知去旧村有 7 公里陡峭崎岖的山路，村民祖祖辈辈居住在出入不便、严重缺水的地带，总书记对一家人说，"党和政府就是要特别关心你们这样的困难群众，通过移民搬迁让你们过上好日子"。总书记拿起《扶贫手册》和《贫困户精准管理手册》，逐一询问发展种养业、参加劳务培训、孩子上学、享受合作医疗和养老保险等扶贫措施的落实情况。最后指出，移民搬迁是脱贫攻坚的一种有效方式。移民搬迁要充分征求农民群众意见，让他们参与新村规划。新村

建设要同发展生产和促进就业结合起来，同完善基本公共服务结合起来，同保护民族、区域、文化特色及风貌结合起来。

总书记的到来不仅鼓舞了海东市各级领导干部扶贫攻坚的信心，也更加激发了各族群众脱贫致富的积极性。总书记离开青海后，海东市各级党委（党组）、各部门单位迅速掀起了学习习近平总书记在青海视察工作时的重要讲话精神的热潮。为确保脱贫攻坚工作扎实稳步推进，县委、县政府坚持把习近平总书记扶贫开发战略思想和党中央脱贫攻坚方针政策作为思想引领和行动指南，第一时间组织学习总书记有关脱贫攻坚的重要讲话精神和党中央脱贫攻坚方针政策，筑牢打赢脱贫攻坚战的思想根基，并积极召开常委会、动员会、专题会等各类会议，切实推进脱贫攻坚战的行动步伐。

二、中央、省、市领导视察：上下齐心，众目所归

以改革创新为动力，扎实推进扶贫开发工作。2014 年 1 月 9 日至 10 日，国务院副总理汪洋在互助县调研扶贫工作。汪洋深入贫困户，仔细了解贫困状况，认真听取基层干部群众对扶贫开发工作的意见。他指出，摸清贫困人口的分布、贫困户的贫困程度及贫困原因，是搞好扶贫工作的重要基础。要加快对贫困户建档立卡，做到精准识别、因户施策，把"大水漫灌"式的扶贫变成有针对性的"滴灌"式扶贫，建立干部驻村帮扶制度，使帮扶措施直接到村到户到人，全面提高扶贫开发工作的实效。

聚焦主责主业，全力以赴完成脱贫攻坚任务。2016 年 3 月 9 日至 13 日，省组织部负责同志赴互助县调研第一书记和扶贫（驻村）工作队开展工作情况，勉励他们要聚焦主责主业，全力以赴完成脱贫攻坚任务。调研期间，深入互助县 17 个乡镇的 86 个贫困村，与 126 名第一书记、村干部和贫困户代表进行深入交流，详细了解驻村干部推动精准扶贫情况。指出驻村干部要担当有为，履职尽责，团结村

"两委"班子推动"123"帮扶机制落地见效。强调第一书记要保持定力，自觉转变角色，主动适应条件艰苦、工作辛苦、生活清苦的新环境；要怀揣爱心，用心用情用力开展工作，对群众有感情、干工作有激情；要建立台账，对每户困难群众建档立卡，记好民情日记，做到情况清、底数明；要找准"穷根"，深入分析查找致贫原因，因时因地因户精准施策；要努力创新，深挖发展潜力，做大做优做强优势产业；要注重"结合"，把扶贫攻坚与加强"三基"建设、实施"美丽乡村"建设、培养现代新型农民有机融合，形成工作合力。要求驻村干部派出单位要倾尽全力为联点村协调解决项目、资金、技术等实际问题，为实现脱贫攻坚提供坚强保障。

撸起袖子加油干，打赢脱贫攻坚战。2016 年 7 月 11 日一早，青海省委负责同志冒雨来到正在建设中的班彦新村，实地察看规划建设、户型格局等情况。贫困户吕志发说，党和政府为我们修建了新村，走出大山搬进新房，大家都盼着哩！搬迁是手段，脱贫是目的。要搬迁更要发展，做到"挪穷窝"与"换穷业"并举、安居与乐业并重，从根本上解决贫困问题。负责同志强调，要全面贯彻落实习近平总书记"扎扎实实推进脱贫攻坚"的重大要求，贯彻精准方针，坚持问题导向，坚定不移推进全省脱贫攻坚工作。

将感恩转化为动力，共创乡村美好未来。2018 年 3 月 28 日，省委负责同志在全国两会后的第一次调研便来到海东市互助县五十镇班彦村，宣讲习近平新时代中国特色社会主义思想和全国两会精神，共话乡村振兴的美好未来。他勉励大家，要把对总书记的感恩和爱戴转化为创造美好生活的实际行动，把土乡建设得更加富裕、更加文明、更加和谐、更加美丽。

"党和政府就是要特别关心你们这样的困难群众，通过移民搬迁让你们过上好日子。""祝你们早日搬到新家。"2016 年 8 月 23 日，习近平总书记对班彦村群众温暖的话语、亲切的关怀，永远铭刻在班彦村乡亲们的心里。省委负责同志对大家说，总书记视察班彦村，班彦村群众备受鼓舞，全省上下备受鼓舞。我们省市县乡的干部，都是总书记派到这里来工作的，要增强"四个意识"，坚定"四个自信"，树牢群众观念，牢记嘱托，不负厚望，说一件干一件成一件，带领群众通过奋斗创造美好生活。

更加扎实稳健地推进精准脱贫，确保互助脱贫攻坚走在青海省前列。2016年4月21日，青海省主要领导专程赴互助县五十镇班彦村调研脱贫攻坚工作并主持召开座谈会。强调要切实把思想和行动统一到习近平总书记视察青海时的重要讲话精神上来，进一步把习近平总书记的极大关怀转化为推进脱贫攻坚的实际行动，更加扎实、更加稳健地做好精准脱贫工作，确保互助县扶贫工作走在全省前列。

尽管冬日的土乡天寒地冻，但刚刚搬出大山、住进班彦新村的群众个个心里暖洋洋的。当天上午，省领导走进班彦新村，实地察看新村水电路、文化活动室、广场、商铺、养殖区棚舍等建设情况，并来到村民吕志武、吕什旦巴家里，与他们亲切交谈、祝贺他们喜迁新居。村民们告诉省领导，新家里家具、电灶、冰柜等一应俱全，看病、上学、生活都十分方便，而且还给每户建起了养殖棚，开办了挖掘机、电焊等技能培训班……从山里搬到新村，简直换了个活法。

检查督导促脱贫，美好乡村共建设。10月18日，海东市委负责同志赴互助县五十镇班彦新村，就切实贯彻落实习近平总书记来青视察时对脱贫攻坚工作作出的重要指示，进一步深入推进脱贫攻坚工作进行检查督导。调研中，省领导一行实地察看了班彦新村文化活动广场、商铺、水电路等基础设施、搬迁户室内装修、养殖区棚舍等项目的建设情况。望着已具规模的瓦房、巷道、畜棚，省领导强调，要把易地扶贫搬迁项目和高原美丽乡村建设、产业发展结合起来，科学把握新村房屋建设标准和青山绿水的农村基本风貌，统筹考虑搬迁村的房屋建筑、生态环境、基础设施、产业发展，结合农村环境卫生整治，把自来水入户、污水处理、垃圾收集等方面的工作做好，逐步改善群众的生产、生活方式，并为今后发展农家乐、旅游等产业打下基础。

8 月 26 日，国务院大督查第 29 督查组前往互助县，就互助县人民医院综合医疗改革工作等 12 项内容进行了实地考察。考察时，督查组不仅详细询问项目的进展和施工情况，还与企业职工和当地村民、贫困群众进行了交流。在互助县五十镇班彦村和平安区条岭新村，督查组深入农户家，细致了解易地搬迁后村民的生产生活和群众收入等情况。

三、县委、县政府：为者常成，行者常至

县委充分发挥核心领导和统筹谋划作用，先后组织召开常委会、动员会、专题会、推进会、问题整改部署会等各类会议 105 次，坚决贯彻落实中央和省市委脱贫攻坚决策部署，及时安排部署各阶段工作，研究解决存在的困难和问题，推动了全县脱贫攻坚工作扎实开展。限于篇幅，本书仅选取 2017 年、2018 年和 2020 年的三次精准扶贫相关会议并做详细阐述。

2017 年 3 月 28 日上午，互助县 2017 年度脱贫攻坚工作会议在县文化活动中心召开。县精准脱贫攻坚指挥部总指挥、副总指挥和成员单位主要负责人，各县级领导，各乡镇党委书记、乡镇长，扶贫（驻村）队第一书记以及受表彰的市、县两级先进集体和先进个人代表参加会议。

会上，县委领导强调，打赢脱贫攻坚战，必须压实攻坚责任使命；必须优化提升攻坚举措；必须强化攻坚要素保障三个宏观层面指出了全县脱贫攻坚工作中的问题症结，明确了今后工作方向，压实了工作责任。县委主要负责同志全面总结了 2016 年全县脱贫攻坚各项工作，指出了过去一年精准扶贫工作中存在的困难和问题，明确了 2017 年全县 43 个贫困村退出、5600 户 19722 名贫困人口脱贫的目标，并就全力做好今年脱贫攻坚工作进行了安排部署。为确保 2017 年脱贫攻坚工作取得良好成效奠定了基础。

互助县 2017 年度脱贫攻坚工作会议

　　2018 年 10 月 30 日上午，互助县召开 2018 年脱贫摘帽冲刺阶段动员大会，对全县脱贫摘帽冲刺阶段工作作出安排部署，动员全县上下进一步凝聚共识，高质量、高标准完成脱贫摘帽各项目标任务，确保年底顺利实现全县整体脱贫摘帽。

　　县委领导指出，从 2015 年精准扶贫工作开展以来，经过全县上下三年的努力，基本按计划完成了脱贫任务，现在进入最后的冲刺阶段。各乡镇、各部门、各单位、各村要认真研究学习会议印发的《互助县 2018 年脱贫摘帽冲刺阶段工作方案》，对标存在问题，明确目标任务、落实攻坚举措、压实责任分工和时限要求，一一抓好整改。县委领导要求，冲刺阶段必须增强信心。打赢脱贫攻坚战是党中央、国务院向全世界作出的庄严承诺，是以习近平同志为核心的党中央挂在心上的头等大事。总书记特别强调，"脱贫攻坚讲的是政治、干的是民生、体现的是大局、反映的是党性，是必须如期完成的政治任务"。全县上下要切实增强打赢脱贫攻坚战的责任感和紧迫感，把思想和行

互助县脱贫摘帽冲刺阶段动员大会

动统一到县委县政府的部署要求上来，打起十二分精神冲刺攻坚，以实际行动向省委省政府、市委市政府和全县各族群众兑现我们的庄严承诺。全县脱贫摘帽的总攻号令已经吹响，全县上下要以更大的决心、更明确的思路、更精准的举措，坚决打赢打好脱贫摘帽冲刺攻坚战，不折不扣完成责任书、兑现军令状，向省委省政府、市委市政府和全县人民交上一份满意的答卷！

2020年2月22日，互助县召开中央脱贫攻坚专项巡视反馈问题整改部署暨脱贫摘帽冲刺会议。县委领导指出，全县上下要以整改中央巡视反馈问题为契机，抓好脱贫摘帽验收各项工作，务求决战决胜、一举成功。一要以坚定的政治担当抓实问题整改。从旗帜鲜明讲政治、自觉践行"两个维护"和对人民负责的政治高度来认识巡视反馈问题整改工作，以最鲜明的态度、最坚决的行动、最严明的纪律，不折不扣完成好中央脱贫攻坚专项巡视反馈问题和各类巡察督查及自查发现问题整改工作，以问题全面彻底整改确保脱贫摘帽任务圆满完

互助县中央脱贫攻坚专项巡视暨易地扶贫搬迁事中事后专项巡查反馈问题整改工作推进会

成。二要以崇高的使命担当完成摘帽任务。全县各级干部必须打起十二分精神冲刺攻坚，坚决克服自满心态、疲软状态、急躁情绪和侥幸心理，向决胜脱贫摘帽发起最后冲刺，以实际行动向省委省政府、市委市政府和全县各族群众交上一份满意的答卷。三要以强烈的责任担当扛起工作责任。现在已经到了脱贫摘帽最后冲刺阶段，必须进一步压实工作责任，以责任到位保障工作到位。各级党组织主要负责同志要切实担负起问题整改和评估验收第一责任人责任，领导班子成员要承担好分管领域工作责任，层层传导压力、层层压实责任。

第四节　责任落实，激扬全新气象

在精准扶贫过程中，互助县始终把监督执纪问责贯穿脱贫攻坚全过程，严格落实"县委书记主动领办、纪委书记全面督办、纪委常委分片包办、乡镇纪委跟踪协办"的联动机制，持续深入开展扶贫领域腐败和作风问题专项治理，整合力量分季度对乡镇和行业部门开展扶贫专项巡察稽查，发现问题、立行立改。

一、建个好体系，督查无难事

根据县委、县政府精准扶贫统一安排部署，为确保 2018 年底我县全面完成整体脱贫摘帽任务，顺利通过国家、省、市脱贫攻坚工作评估验收，互助县构建了县委、县政府主要领导全面督查，县人大、县政协主要领导和县委各常委带队包片督查，以及 19 个驻乡督查组的"三级督查"工作机制，对全县 19 个乡镇 294 个行政村开展精准扶贫全覆盖、拉网式督查，认真发现问题，坚持立行立改，以严的要求、实的作风推动脱贫攻坚各项政策落地见效。

县级督查检查组在对全县脱贫摘帽工作进行全方位督查的基础上，主要对包片督查组和乡镇督查组督查工作开展情况以明察暗访等形式进行不定期督查，对各乡镇、村社、贫困户扶贫工作开展情况按一定比例抽查到户进行督查。在督查过程中，注重发现突出问题，建立问题台账，督促被督查单位逐项限时整改，逐项整改销号。同时，每半月召开一次会议，听取各包片督查组工作汇报。

问责追责组主要对联点县级领导到乡进村入户走访、督查、宣讲政策和解决问题情况，乡镇领导在脱贫攻坚中履行主体责任情况，第一书记、驻村工作队员到岗履职尽责情况，以及乡镇督查组工作开展情况进行监督检查。以上人员在工作开展中如果出现不尽责、不到位、不作为、慢作为而造成工作延误、失误等情况，按相关规定进行责任追究。

督查发现问题整改协调组要沉到扶贫一线，采取全天候、巡回式方法对三级督查组发现反馈的需由县级层面协调解决的问题，进行统筹协调，促使问题得以解决。

包片督查组在对乡镇督查组到位及工作开展情况进行督查的同时，按照抽查覆盖面不低于70%的比例深入所督查乡镇及其所辖村社贫困户家中开展督查，采取群众座谈、入户走访、查阅资料、实地查看等方式对该乡镇扶贫工作进行深度督查；带头并督促各乡镇和乡镇督查组做好政策宣传，教育引导群众准确掌握脱贫攻坚各项政策及标准，在上级部门的相关检查验收中，实事求是、客观公正反映问题。同时，对各结对帮扶单位开展帮扶工作进行督查。包片督查组每周召开督查工作例会，由组长对上周督查情况进行总结，梳理问题，建立台账，按期整改销号，并对本周督查工作进行安排部署。

乡镇督查组对所督查乡镇开展驻乡驻村督查，主要对定点乡镇的扶贫（驻村）干部到位情况以及扶贫政策宣讲、群众思想教育、项目落实、基础设施、问题整改、产业发展、基础资料、结对帮扶、贫困户识别及退出、信息平台管理、各项指标完成等情况进行不间断走访督查。带头并督促各乡镇和扶贫驻村工作队做好政策宣传，教育引导群众准确掌握脱贫攻坚各项政策及标准，在上级部门的相关检查验收中，实事求是、客观公正反映问题。每周向乡镇反馈督查情况，并向包片督查组汇报工作进展和发现的具体问题，建立问题台账，逐项整改销号。

二、党建促脱贫，能力显提升

按照"融入扶贫抓党建、抓好党建促扶贫"的思路，认真落实抓党建促脱贫攻坚50条措施，全面推行"督考合一""方阵管理法"，扎实开展基层党建专项述职和"互查互评互学"等活动，累计整治转化54个后进村级党组织，有208名双强型能人充实进村"两委"班子，588名村"两委"主要负责人纳入乡镇"全科"干部创建序列，有效提升了基层党组织引领脱贫攻坚的能力和水平。全面推行"一联双帮

机关领域党组织书记向县委组织部部长"一对一"进行专项述职

哈拉直沟乡费家村党支部书记对村民代表述职

三治"工作机制，向 118 个贫困村、3 个深度贫困乡镇的 24 个非贫困村选派 142 名第一书记和 326 名工作队员，为有 40 户以上贫困户的 25 个非贫困村分别选派了 1 名"全脱产"驻村干部，省市县 1.04 万余名干部与所有贫困户结成帮扶对子，做到了"帮困不漏户、户户见干部"，实现了县级领导包乡、部门单位联村、帮扶干部到户三个"全覆盖"，汇聚了脱贫攻坚合力。

"督考合一"抓落实。互助县通过日常督查考核、绩效跟踪考核、年终综合考核相结合的"督考合一"新模式开展督查考核工作。日常督查考核采取定期与不定期相结合的方式进行，实行月抽查季普查；绩效跟踪考核采取随机抽查的方式进行；年终综合考核于当年底进行。

"方阵管理"求实干。互助县结合"方阵管理法"，深入开展"评优亮丑"活动。乡党委、政府专门组织领导班子成员、站所长、村"两委"对各村环境整治工作进行观摩。观摩采取随机抽取方式，"看

党委（党组）书记年度述职

东山乡党委召开党委会研究绘制各村党支部年度方阵

县委组织部根据"方阵管理图"研究下一步工作思路

互助县年底考核督查人员正在检查材料

"互查互评互学"小组翻阅村党支部规范化工作手册

一个最好的、看一个最差的"。通过实地观摩、现场点评、座谈交流，倒逼环境卫生综合整治责任落实，形成你赶我超的浓厚氛围。

"互查互评互学"出成果。互助县建立了脱贫攻坚问题整改"互查互评互学"机制。由基层乡镇党委书记、组织干事组成多个互查小组，相互交叉对乡村两级基层党建进行全面检查。根据党建工作责任清单，逐项"望闻问切"，互相查找亮点、查摆问题，明确着力点；由互查小组根据检查情况，开展点评、打分排名，针对存在问题提出整改措施，明确责任主体，增强主动性；在检查评比过程中，加强对基层党建的好做法好经验进行相互探讨交流、相互借鉴学习，取长补短，激发创造力。

三、三查三确保，一个不漏掉

2018年至2020年，互助县用三年时间组织开展"三查三确保"专项行动和"扶贫领域作风建设年"活动，切实解决了扶贫领域工作落实、工作作风等方面存在的各类突出问题。"三查三确保"指"查责任，确保惠民政策落地生根；查腐败，确保扶贫资金安全运行；查作风，确保各级干部忠诚履职"，着力整治扶贫领域腐败和作风问题。在专项行动中，县委、县政府要求各级党组织和纪检监察机关要敢于担当、履职尽责，以"作风建设永远在路上"的执着推动全面从严治党向纵深发展，进一步巩固风清气正的政治生态。要提高政治站位，深刻认识专项治理工作的重要性；强化工作措施，推动专项行动扎实有序开展；强化组织保障。

2018年全面查处整改阶段。2018年4月上旬，县纪委监委制定了工作方案，成立了"三查三确保"专项行动领导小组，专项行动启动实施。4月中旬至4月下旬，县纪委监委多渠道收集问题线索，认真梳理群众信访、案件线索、巡察监督、网络舆情等方面情况，对2016年以来反映涉农扶贫方面以及农村"三资"管理方面的信访举

互助县在扶贫领域开展"三查三确保"专项行动启动会议

扶贫领域腐败和作风问题专项治理秋冬"百日会战"动员部署会议

安排部署集中整治和加强预防扶贫领域职务犯罪专项工作

报和问题线索开展全面排查摸底，仔细甄别核实，切实做到"见人、见项目、见资金、见问题线索"。县纪委牵头，通过定期召开联席会议、调研督查、项目抽查等方式，加强与扶贫、民政、发改、财政、审计等部门的工作对接，及时了解掌握各部门的职责履行情况、资金项目监督管理情况以及纪律执行情况。县扶贫开发领导小组办公室将扶贫领域审计、检查、考核、评估等工作中发现的问题线索移交县纪委，建立健全问题线索沟通协调机制。

各乡镇纪委对筛查梳理出的问题线索进行登记、汇总，建立台账，于4月底前移交县纪委监委案管室。5月至12月，纪检监察机关按照《中国共产党纪律检查机关监督执纪工作规则（试行）》和"三查三确保"专项目标任务，上下联动，凝聚力量，打通扶贫领域执纪监督问责"最后一公里"。乡镇纪委紧盯反映扶贫领域的突出问题，做好初信初访调查处理，及时解决群众反映的急、难问题，查处了一批基层干部违纪违规问题。县纪委监委重点查处反映扶贫领域的老案积案和群众反映强烈的越级、重复信访件，对可查性强的问题线索优先办理，及时反馈，全力查处一批党员干部违纪违法典型问题。县纪委及时公开查处情况，每两个月通报曝光一起典型案例。

2019年集中攻坚克难阶段。在坚持当年问题当年解决的同时，对一些复杂、阻力较大的问题线索采取多种形式进行集中攻坚；对尚未攻克的重点问题、重点单位进行逐个突破，全面查处、整治扶贫领域腐败和作风问题，形成高压态势，"三查三确保"专项行动取得明显成效。

2020年稳固深化提升阶段。在2018年至2019年取得成果的基础上，县纪委监委督促相关单位和部门深入查找扶贫工作中责任落实、监督管理、制度执行、作风建设等方面的漏洞，健全监督机制，加大源头治理，巩固专项行动成果。

互助县各级党组织、纪检监察机关、各相关职能部门充分认识到开展扶贫领域腐败和作风问题专项治理的重要性，以强烈的责任感、紧迫感和担当意识，主动自觉地组织、参与、开展好"三查三确保"专项行动，不折不扣地把上级党委的决策部署落到实处，以实际成效赢得民心，不断厚植党执政的群众基础。通过三年的"三查三确保"专项行动，县委、县政府主要负责同志先后对脱贫攻坚工作不力的16名乡镇和部门负责人进行了约谈提醒，每年对19个乡镇党政主要负责人和行业部门主要负责人进行工作约谈。全县共受理扶贫领域问题线索146件，立案28件，党纪政务处分56人，组织处理73人，对21起39人扶贫领域典型案例进行通报曝光，为打赢脱贫攻坚战提供了坚强的纪律保障。

第 2 章

漫漫脱贫路
殷殷民生情

全力推进精准扶贫、精准脱贫，是深入贯彻落实习近平总书记关于扶贫开发系列重要指示精神的战略举措，是党的宗旨的具体体现、人民政府的重要职责、社会主义的本质要求，是贫困群众的最大期盼，是建设绿色、开放、清正、和谐互助的重要内容和紧迫任务。

按照国家新的扶贫标准，互助县建档立卡贫困村 118 个，精准识别贫困户 13796 户 48523 人，贫困发生率 14.1%，脱贫攻坚任务十分繁重。围绕"2018 年实现整体脱贫、2020 年全面建成小康社会"的总体目标，互助县以精准脱贫统揽全县工作大局，锁定贫困村、瞄准贫困户，找准致贫原因，区分贫困类型，突出基础设施、富民产业、社会事业三个重点工程，改善贫困村生产生活条件，提升贫困人口自我发展能力，增加贫困农户收入，加快脱贫致富步伐。到 2018 年底，互助县全面完成精准脱贫任务，实现了与全省同步实现全面建成小康社会的目标。

第一节　谋篇布局　筑脱贫路

一、扶贫之路　道阻且长

互助县是省定贫困县和六盘山集中连片特困地区之一，属省定贫困县。2015 年底精准识别建档立卡贫困村 118 个，建档立卡贫困人口 13796 户 48523 人（含低保人口，以下统称"贫困人口"），贫困发生率为 14.1%，高于全国 7.4 个百分点。经过三年动态调整，2018 年底，全县实有建档立卡贫困户 12626 户 43678 人，其中一般贫困户 11704 户 42103 人，低保兜底户 881 户 1788 人。

互助县农村贫困问题具有"区域性、民族性、特殊性、综合性"的特征，"小集聚、大分散、程度深、返贫高、难度大"特点突出。从致贫原因来看，建档立卡贫困户中因病致贫 2756 户，占 22.9%；因缺技术致贫 2522 户，占 20.7%；因残致贫 2004 户，占 16.4%；因缺资金致贫 1879 户，占 15.4%；因学致贫 1140 户，占 10.3%；因缺劳力致贫 1300 户，占 6.5%；因自身发展动力不足致贫 610 户，占 4.5%；因其他原因致贫 215 户，占 1.7%；因灾致贫 200 户，占 1.6%。从地区发展来看，贫困地区资源禀赋差，抵御灾害和市场风险能力弱，返贫压力大；存在住房难、行路难、饮水难、用电难、上学难、就医难、通信难、增收难等问题，具有贫困户、贫困村等多级并存和空间分布格局；教育卫生事业的相对落后而导致人力资本积累水平低下。从思想观念来看，由于受地理环境、自然因素、历史条件及风俗习惯等因素制约，人均受教育程度低、文盲率高、文化水平低、思想观念落后，接受新生事物的能力差，人员交往、物资交流和商品输出更加困难，"等、靠、要"思想严重。

二、三年集中攻坚，两年巩固提高

互助县精准脱贫工作按照"三年集中攻坚，两年巩固提高"的分步目标，到 2018 年，实现贫困人口"两不愁、三保障、一高于、一接近、两确保"目标。"两不愁"，即全面解决温饱问题，让贫困家庭不为吃穿发愁。"三保障"，就是在建档立卡贫困户中，全面普及 15 年免费教育，不让一个贫困家庭孩子因贫辍学失学；将贫困人口全部纳入医保范围，总体解决看病就医问题；全面改善贫困群众住房条件，让贫困户住有所居。"一高于、一接近"，就是精准识别扶贫对象人均可支配收入增速高于全县平均水平，2018 年全县 96% 以上贫困人口人均可支配收入达到 4000 元以上；基本公共服务主要领域指标达到全县平均水平，接近全省平均水平。最终实现"两确保"，即确保现行标准下贫困人口实现脱贫，确保 118 个贫困村全部"摘帽"。再经过两年努力，使脱贫的成效更加巩固，群众的生活更加殷实，实现与全省、全市同步建成小康社会的目标。

从阶段目标来看，从 2016 年到 2020 年，前三年为集中攻坚阶段。2016 年，减少贫困人口 2758 户 9507 人，28 个村退出贫困村行列；2017 年，减少贫困人口 5883 户 20718 人，43 个村退出贫困村行列；2018 年，减少贫困人口 5155 户 18298 人，47 个村退出贫困村行列。贫困面从 14.1% 下降到 3%。到 2018 年底，96% 以上贫困人口人均可支配收入达到 4000 元以上。后两年巩固提高，到 2020 年补齐脱贫指标和小康指标的差距，主要指标达到全省平均水平，为与全省同步实现全面建成小康社会目标创造必备条件。

三、实行"挂图作战"，打造"有形抓手"

为实现"三年集中攻坚，两年巩固提高"目标，互助县实行了挂图作战。即由精准扶贫领导小组和指挥部根据总目标分步制定作战计划，将具体的执行方案、明确的目标设计、流程化的工作方式、完善的保障措施、明晰的责任体系以及目标完成情况、最新任务进展等通过图表清单都一目了然。在挂图作战中，最关键的"三张图"——"进度图""施工图""责任图"。"三张图"犹如三双眼睛，以目标倒逼进度、时间倒逼程序。以"进度图"管任务、抓任务、推任务，明确干什么、怎么干、谁来干，定时、定人、定责，集中攻坚、各个击破，最终确保全面实现既定目标。围绕 118 个贫困村、48523 名贫困人口的精准脱贫目标任务，根据各村的贫困情况以及脱贫困难程度，互助县制定了 2016—2018 年的"作战图",即任务"施工图"。按照需求清单,制定"施工图""进度表",明确工作要求、责任人、完成时限;将目标任务、帮扶责任人、帮扶措施等工作流程全部上墙公示,即"责任图"。此外,通过督查、考核、信息公开、惩戒等方式,倒逼重点任务的责任单位和责任人集中精力、攻坚克难、全力以赴,确保任务能够按时、保质保量地完成。

同时,乡镇政府也采取挂图作战,倒逼脱贫攻坚,强化脱贫攻坚责任,使每一位包片领导和帮扶责任人"思想上有压力,工作上有动力"。每个镇都制定了脱贫减贫任务表,以明确乡镇每年的脱贫任务。乡镇脱贫减贫任务表首先由乡镇进行申报,由县扶贫局进行审核和统筹规划。任务表将年度减贫任务明确到村、到户、到人,确保贫困户退出和贫困村"摘帽"做到"三方认账",即贫困户认账、当地老百姓认账、第三方评估认账。

第二节 精准识别 不落一人

扶真贫必先识真贫。实现精准扶贫、精准脱贫,精准识别是前提与保证。通过合规的程序,了解贫困状况,分析致贫原因,摸清帮扶需求,为扶贫开发瞄准对象提供科学依据,才能有效地保证后续项目安排精准、资金使用精准、措施到位精准、因村派人精准和脱贫成效精准。总之,实施精准扶贫,首先要精准识别。

2015 年 10 月至 2016 年初,互助县驻村工作队进驻贫困村后,精准识别工作随即开启。互助县始终把精准识别作为脱贫攻坚工作的重要基础和前提,紧盯"两不愁、三保障"总体目标,采取"五看法"开展精准识别和贫困对象动态调整工作,达到了精准识别"不漏一户、不落一人"。

一、入户"五看法"，评估"八不准"

扶贫对象精准识别工作由各村成立的扶贫工作领导小组负责。贫困户精准识别工作坚持"大稳定、小调整"原则。低保户、五保户、重度残疾人中的有劳动能力的人口必须纳入贫困户。驻村工作队开展精准识别的第一步是入户摸底调查和宣传动员。入户摸底调查主要遵循两个原则：一是青海省提出的"五看法"；二是互助县为确保识别精准，创新制定的"八不准"。"五看法"即依照"两不愁、三保障"而制定："看粮食""看发展技能"，确认家庭是否吃穿不愁；"看房""看学生郎""看是否有病人躺在床"，确认是否满足住房、教育和医疗保障。"八不准"可归为四类情况不准纳入贫困户范围。第一类是家庭收入达到稳定及以上水平的，例如县城、集镇建（购）商品房的；拥有非生活必需的高档消费品的，如小汽车、大型农用车、工程机械、高档电器等；家庭成员中有在国家机关、事业单位、社会团体等由财政部门统发工资，或在国营大中型企业工作，收入较稳定的。第二类是家庭成员含有公职人员的，例如现任村两委干部或其家属的；家庭成员有担任私营企业及各类专业合作社负责人的。

贫困户申请表

班亥村委会：

我家住三社，家庭人口 5 人，其中有劳动能力 2 人。
2015年家庭人均纯收入 2600 元。特申请为贫困户。

申请人（签字）：
2015 年 11 月 20 日

贫困户申请表

第三类是家庭成员品行不端者，例如因赌博、吸毒、好逸恶劳等原因致贫的；法定赡养、抚养人具有赡养、抚养能力，但拒不履行赡养、抚养义务的。第四类是家中长期无人，无法提供其实际居住证明的，或长期在外打工，人户分离的。通过"五看法"和"八不准"完成农户摸底情况。在驻村工作队的政策宣传下，农户会根据自家情况主动向村委会提交《贫困户申请书》。

二、村民共评议，初选贫困户

驻村工作队在完成每家入户摸底调查后，针对贫困情况有了初步了解，筛选符合条件的农户申请书召开评审委员会。首先由每家每户推选出一位代表组成村民代表大会，针对工作组提交的贫困户初步名单进行民主评议。在听取村民评议意见的基础之上，确定扶贫对象初选名单。

为了表示充分尊重群众意见，保证贫困户评选的公平、公正与公

村民代表民主评议贫困户现场

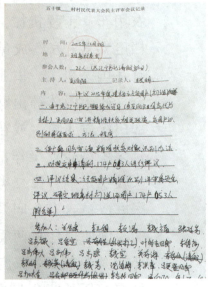

五十镇班彦村村民代表大会民主评审会议记录

开，村委会对每一次的民主评议会进行详细的会议记录，做到随时可查证。

三、三榜齐公示，动态微调整

互助县贫困户认定遵循农户申请、民主评议、公示公告和逐级审核的方式。村两委评议确定好贫困户初选名单后，将评议结果名单在村里进行第一次张榜公示并上报乡镇政府。

但是贫困户名单并非一次就能确定。如果群众对公示结果无异议，即可确定；如果群众对第一次公示结果不满意，则需要二次民主评议。绝对贫困户的评定往往不会产生异议，但相对贫困户的精准识别更为复杂。那些家庭人均年收入超过贫困线划定标准的相对贫困户目标群体大，但扶贫资源有限，由此会产生"不公平"。针对这种情况，扶贫干部首先进行政策解释，如果还是存在不满情绪，就启用"征信系统"。工作队首先让那些自认为符合贫困户条件的农户写承诺书和家庭财产核查授权书。然后上报县政府清查。最后，驻村扶贫工作队配合重新入户调查并对此确定。如果不符合要求，即影响家庭信用，对以后看病、学生上学、参

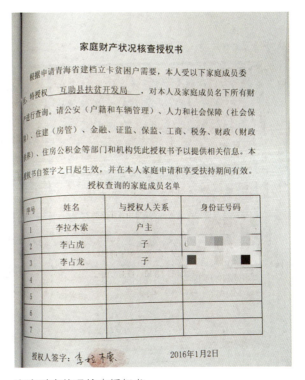

家庭财产状况核查授权书

五十镇贫困户审核确认情况公示

加考试各方面都有影响。如果符合要求，重新确定贫困户名单，并于村务公开栏进行为期7天的公示。

村级公示无异议后，将农村扶贫对象申请书和评审委员会评议结果由村委会统一签署意见后报乡镇政府审核。乡镇政府以村为单位进行复核，并在全乡镇范围内进行第二次张榜公示，公示期7天。

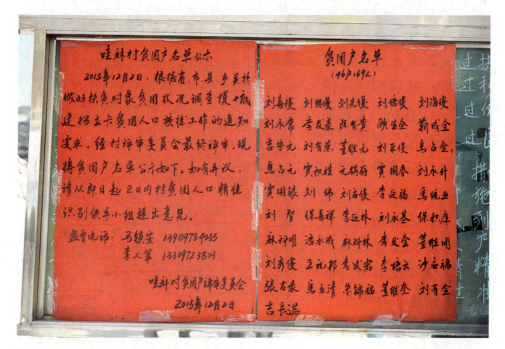

贫困户名单村级公示

乡镇公示无异议后，乡镇政府整理成册上报县扶贫开发领导小组办公室。经领导小组审定后在全县范围内进行第三次公示，公示无异议的最终确定为扶贫对象，并录入国家扶贫开发业务管理系统；如有异议，县、镇组织人员对有异议农户再次入户核实。

经过"三榜公示"，应该纳入贫困户名单的家庭如数纳入。识别过程不仅保障了老百姓的参与权和知情权，也借助老百姓对村上各家各户情况的了解，通过民主评议和反复核实，确保识别结果的精准性。

2015 年互助县贫困人口精准识别结果统计表

（单位：个、户、人）

乡镇	行政村数	农业人口		2015 年识别结果		
		户数	人数	贫困村数	贫困户数	贫困人数
东和乡	17	4669	17602	8	1323	4743
东沟乡	16	5271	21732	8	868	2699
南门峡镇	14	5137	19659	7	826	2851
林川乡	21	6541	24978	10	934	3087
巴扎乡	8	1274	5250	3	172	557
东山乡	12	2905	11362	5	430	1504
高寨镇	8	3780	14935	0	237	935
西山乡	17	4852	18989	7	803	2998
威远镇	23	8513	33365	8	912	3234
五十镇	19	4627	17911	9	1083	3930
红崖子沟乡	17	5268	20311	5	780	2826
丹麻镇	17	5560	22627	7	686	2439

续表

乡镇	行政村数	农业人口		2015 年识别结果		
		户数	人数	贫困村数	贫困户数	贫困人数
松多乡	8	1542	5417	4	617	2017
加定镇	6	1969	11778	2	228	726
五峰镇	18	5692	23254	7	943	3431
塘川镇	28	9994	39505	10	979	3595
台子乡	19	5779	23120	8	693	2405
蔡家堡乡	13	2359	12170	5	423	1434
合计	294	89998	360643	118	13796	48523

同时，精准识别也会针对贫困户进行动态调整。动态调整由中央统一部署，乡镇政府按照县扶贫局的通知和要求对贫困户名单进行动态调整：剔除不符合标准的和新增符合标准的贫困户，同时需对国扶办系统中所属乡镇的贫困户数据进行维护和动态管理。2015 年底，互助县精准识别建档立卡贫困村 118 个，贫困户 13796 户，贫困人口 48523 人。经过三年动态调整，2018 年全县实有建档立卡贫困户 12626 户 43678 人。

互助县贫困人口动态调整后致贫原因统计表

致贫原因	贫困户数（户）	占比（％）
因病致贫	2756	22.9
因缺技术致贫	2522	20.7
因残致贫	2004	16.4
因缺资金致贫	1879	15.4
因学致贫	1140	10.3
因缺劳力致贫	1300	6.5
因自身发展动力不足致贫	610	4.5

续表

致贫原因	贫困户数（户）	占比（％）
因灾致贫	200	1.6
因其他原因致贫	215	1.7
合计	12626	100

通过精准识别，扶贫开发局对全县扶贫对象进行了一次全面的摸底调查，不仅识别出扶贫对象，而且详尽掌握了扶贫对象的贫困类型和致贫原因，并建立健全扶贫对象档案，为全县开展精准扶贫工作提供了科学依据。

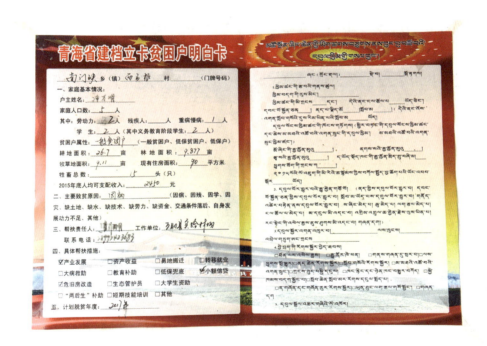

建档立卡贫困户明白卡

第三节　精准帮扶　精准发力

要实现精准扶贫，需进行精准帮扶。即在精准识别的基础上，全面准确掌握贫困村、贫困户精准脱贫需求，特别是基础设施建设、基本公共服务、富民产业发展、劳动技能培训等方面的需求，因村、因户制定帮扶计划和帮扶措施，列出脱贫项目需求清单，建立精准脱贫工作台账。依据脱贫对象"需求清单"，制定精准脱贫规划；按照"缺什么、补什么、一次性补齐"的要求，落实具体帮扶措施。

由于精准扶贫工作的复杂性，为实现"精准帮扶"、完成"两不愁、三保障"的目标，互助县全面推行"一联双帮三治"工作机制。省、市、县三级单位向 118 个贫困村、3 个深度贫困乡镇的 24 个非贫困村派出第一书记和驻村工作队共 420 名，为有 40 户以上贫困户的 25 个非贫困村分别选派了 1 名"全脱产"驻村干部。省市县 1.04 万余名干部与所有贫困户结成帮扶对子，做到了"帮困不漏户、户户见干部"，实现了县级领导包乡、部门单位联村、帮扶干部到户三个"全覆盖"，汇聚了脱贫攻坚合力。

互助县第一书记和驻村工作队选派情况

包村单位级别	包村数量			选派干部数量（人）	选派第一书记数量（人）
	合计（个）	贫困村数量（个）	有贫困人口村数（个）		
省直单位	46	41	5	94	46
市直单位	9	6	3	19	9
县直单位	87	71	16	179	87

一、能人治村，扶贫良药

扶贫工作队作为贫困户和政府间的"桥梁"，打通了精准扶贫的"最后一公里"。这要求驻村工作队帮助贫困户及时了解扶贫政策，让群众了解"惠在何处"，做好政策对接，为其选择符合条件的政策并提供指导。互助县驻村工作队主要采取两种方式：一是开展集中政策宣讲活动，内容包括国家最新扶贫政策、相关政府补贴申请条件和流程指导等；二是入户讲解，利用农闲时间前往贫困户家中、田间地头

第一书记宣传农业致富信息

班彦村第一书记袁光平到吕有荣家访谈

西山乡麻连滩村第一书记郑华兵向贫困户讲解扶贫卡

西山乡麻连滩村第一书记郑华兵入户

进行政策宣传。

精准帮扶是精准扶贫的中心环节。首先是针对贫困村的精准帮扶，即根据帮扶村致贫原因和发展短板制定"村出列"帮扶计划，以及对照村退出标准，精准落实有关政策措施。

青海省国土资源厅对班彦村的基础设施帮扶支出

单位	用途	价值（万）
青海省国土资源厅扶贫专项资金	用于村民服务中心二楼整体建设及新村 10 间商铺建设	70
青海省土地整理统征中心	4 台电脑、1 台打印机、1 台复印机、办公桌椅一批等	3
青海省矿业权交易中心	LED 屏幕 3 块及办公桌椅一批	8.5
小计		81.5

青海省国土资源厅对班彦村的村特色种植帮扶支出

出资单位	成效	帮扶资金（万）
驻村工作队协调	2016 年、2017 年两年协调发放优质蚕豆种子 26000 斤	13
青海省土地整理统征中心	2017 年出资购买优质蚕豆种子 6000 斤	3
小计		16

其次是针对贫困户的精准帮扶，即围绕"两不愁、三保障"，因户施策，制定帮扶计划和脱贫规划。精准施策可以分为两个维度，一是针对不同类型的贫困户。针对无劳动力的贫困户，主要采取兜底保障的帮扶措施；针对有劳动力的贫困户，主要采取产业扶贫政策和就业政策进行帮扶。

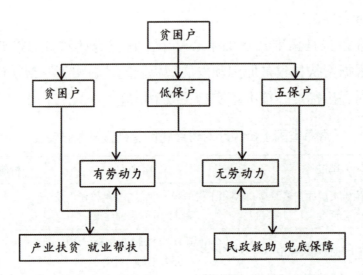

贫困户类型及帮扶策略

青海省国土资源厅对班彦村的特困户帮扶支出

序号	出资单位	成效	帮扶资金（万）
1	青海省地质调查局	帮助贫困户李金山房屋门窗刷漆和安装玻璃	0.5
2	个人帮扶	帮助特困户海正秀新盖三间房屋，确保其住房安全有保障	2
	青海省地质调查局		3
3	青海省移民安置局	结对干部对特困户给予现金帮扶	0.2
4	青海省矿业权交易中心	给予特困户吕志祥资助	0.3
5	青海省地质环境监测总站	帮助解决特困户吕有兵孙子上幼儿园费用	0.28
6	青海省地质调查局	帮扶特困户余红成	0.5
7	青海省土地统征整理中心	帮助特困户吕长命	0.3
8	社会帮扶	帮扶5户品学兼优的中小学生，每户给予资助1500元	0.75
9	驻村工作队	对2名高龄耳聋老人购买助听器	0.4

续表

序号	出资单位	成效	帮扶资金（万）
10	青海省国土资源科技信息中心	帮助 5 名贫困户老人治疗关节炎	1
11	青海省地矿局测绘院	推荐 3 名未就业贫困户大学生到省地矿局测绘院应聘上岗，月薪 4000 元	
小计			9.23

二是各种基本保障措施，包括教育扶贫、健康扶贫和安全住房等。第一，民政救助、兜底保障。兜底保障主要针对收入低，不足以维持正常生活或无劳动能力且无人依靠的人群。第二，产业扶贫，"一户一政策"。驻村工作队在征求农户意见的基础上，因地制宜选择可持续性产业，制定产业政策，并及时进行产业调整。配合乡镇对贫困户到户产业进行多次验收，并拍照存档。同时对农户互助资金等金融扶贫项目的申请上把关，保证资金能及时回收。针对外出务工和无意愿发展产业的贫困户，则将其到户产业资金进行投资分红。第三，就业扶贫。在保障基本生活的前提下，鼓励贫困人口参加就业技能培训，通过劳务输出增加家庭收入。驻村工作队帮助村争取相应培训资源，包括就业技能和种植养殖等，动员有劳动能力的参加培训并发放补贴。扶贫工作队采取多种方式解决贫困户就业问题：利用单位资源，为具有劳动力的贫困户提供就业岗位，组织其参加县政府组织的招聘活动，或向县就业局争取"公益性岗位"，增强贫困户造血能力，实现稳定脱贫。第四，生存发展保障措施。驻村工作队配合县级职能部门和乡镇政府开展工作，包括教育扶贫、健康扶贫和安全住房等。

西山乡麻连滩村第一书记郑华兵入户指导产业

一户一政策：贫困户发展鸡养殖产业

一户一政策：贫困户发展八眉猪养殖产业

一户一政策：贫困户发展肉牛养殖产业

一户一政策：贫困户发展当归种植产业

一户一政策：贫困户发展土豆种植产业

一户一政策：贫困户发展蔬菜种植产业

一户一政策：贫困户发展酩馏酒酿制产业

◆◆案例 ⋯⋯⋯⋯⋯⋯⋯⋯⋯⋯⋯⋯⋯⋯⋯⋯⋯⋯⋯⋯⋯⋯⋯⋯⋯⋯⋯⋯⋯⋯⋯

用心用情扶贫，只为此生无悔

——记哇麻村第一书记马锁安

经互助县县城威远镇往西北十余公里，蜿蜒的山路，一头连着喧嚣繁华的城镇，一头挑着寂静贫困的哇麻村。

2015年10月，青海省委组织部干部教育处调研员、省组工干部培训办公室副主任马锁安被选派到哇麻村担任驻村第一书记、扶贫工作队队长，开展脱贫攻坚工作。驻村以来，马锁安倾心为民、默默奉献，攻坚克难、干在实处，一心一意为贫困群众办实事解难事，在实践中探索富民强村的有效途径，带领贫困群

马锁安（右）到田间了解三叶长白葱生产情况

众走上了一条发展致富、稳定脱贫的新路子，也为 183 户村民实现美好的人生期盼绘就了新蓝图……

穷则思变。远眺山路那头的繁华，哇麻村人在期盼，渴望有人带着他们走出贫困，走向富裕。

到哇麻村的第二天，86 户贫困户信息摸底调查表就拿在了马锁安的手里。全村 183 户人家，贫困户占了将近一半，这个数字究竟有没有水分？马锁安决定以此作为工作的切入点，逐户开展调查。

利用开展精准识别工作的间隙，马锁安还带着队员到田间地头，跟贫困群众一起收油菜、挖土豆，了解生产情况和村情民意。在广泛深入调查的基础上，梳理出全村基础设施落后、部分农户用水难用电难、支柱产业选择难等 8 个方面的问题和困难，并着手加以解决。同时，他还组织召集村干部会、党员会、团员会、妇女会、群众会，宣传精准扶贫的理念和政策，让群众民主讨论、疏通思想、消泄情绪、化解矛盾，厘清了精准扶贫的思路，研究确定了扶持项目。

凭着坚韧不拔的担当和创新精神，一年多时间当中，马锁安为哇麻村村民办了许多实事、好事，并先后争取到高原美丽乡村、危房改造、水电路基础设施等项目 10 个，落实资金 1135.73 万元，还通过危房改造工程，让 13 户贫困户住上了宽敞明亮的新房子。

如今，哇麻村面貌焕然一新，139 户人家安上了新大门，1400 多米残破土墙修成了砖墙，在村广场和村道两旁，栽植了云杉、青杨、山杏、丁香等各类苗木 3600 株。同时，组织动员群众开展村庄环境整治，清除了乱占乱建的棚圈，拓宽了村庄巷道，实现了绿化、美化、亮化，村容村貌焕然一新，群众居住环境得到有效改善。

二、结对帮扶暖人心，携手并进共发展

干部结对帮扶是精准帮扶的关键机制。结对帮扶干部"一对多"或"多对一"，即每个结对帮扶干部按照职位大小帮扶一到三户贫困户或多个结对帮扶干部帮一户。为打赢打好脱贫攻坚战，确保年底顺利实现脱贫摘帽目标任务，紧紧围绕"重精准、补短板、促攻坚"的要求，互助县积极探索实践了"1234"，即"一讲、二查、三问、四看"工作法，在进村入户工作开展上精准发力。全县建档立卡贫困户（含已脱贫对象）入户走访覆盖面达到100%，为提高群众对脱贫攻坚工作满意度奠定了坚实的基础。

一讲，即宣讲扶贫政策。县委、县政府要求全县各县级领导、机关事业干部职工、联点帮扶单位干部职工、驻村第一书记及驻村工作队员入户宣讲扶贫政策，重点围绕脱贫攻坚各项政策，讲清扶贫办法、惠民政策、脱贫程序等内容，提高贫困户政策知晓率。围绕贫困

县委组织部结对帮扶干部入户

群众关心关注的热点问题，详细解读教育扶贫、健康扶贫、产业发展等政策，积极协助贫困户落实教育资助、医疗救助、产业扶持等，着力解决好"三保障"问题，进一步加大群众对扶贫政策的知晓度，提升群众对精准扶贫工作的满意度。

二查，即查帮扶责任人入户情况和贫困户产业资金使用情况。一是要求帮扶责任人增强政治意识和大局意识，主动负起帮扶责任，每月至少一次到贫困户家中开展帮扶工作。帮扶责任人要想群众之所想，急群众之所急，帮群众之所需，落实具体帮扶措施。二是要求驻村第一书记、工作队员和帮扶责任人查贫困户产业资金使用情况；根据贫困户家中实际情况，指导贫困户发展适合自己的特色产业；对缺乏产业发展资金的，积极讲解并协助办理"530"贷款，确保除兜底户以外有劳动力的贫困户实现产业全覆盖。

贫困户现场办理"530"贷款

县委组织部帮扶干部慰问贫困户

县林业局结对帮扶干部集中慰问贫困户

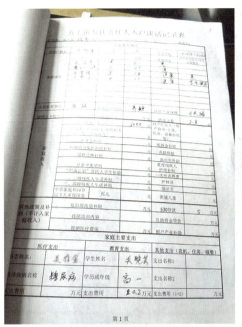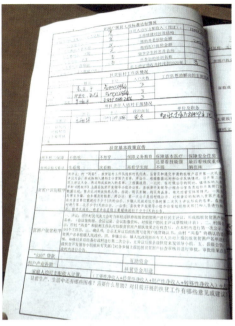

五十镇帮扶责任人入户谈话记录表

省文化和旅游厅负责人调研磨尔沟村青绣产业发展情况

省文化和旅游厅领导上门为残疾户组装和调试设备

省对外文化交流中心邀请省农科站首席专家，实地对贫困群众的农作物进行培训指导

三问，即根据贫困户家中实际情况，详细了解询问贫困户想法需求。要求全县各级扶贫干部在入户走访时做到"三问"。一问脱贫需求，了解贫困户的主要致贫原因、生产生活中存在的实际困难和问题。二问发展意愿，了解贫困户家庭成员的劳动能力，了解适合其发展的产业，了解产业发展情况或就业情况。三问帮扶满意度，了解贫困户是否知道帮扶责任人、帮扶措施，对帮扶责任人的帮扶工作是否满意。

四看，即查看扶贫工作相关档案资料，确保扶贫工作真正取得实效。要求全县各级扶贫干部在入户走访时做到"四看"。一看《扶贫手册》和《脱贫台账》基础信息准不准；二看帮扶措施记录实不实；三看帮扶成效记录真不真；四看收支情况记录清不清。发现信息不准、记录不实、成效不真、收支情况不清的进行现场整改，并告知乡镇、村同步更新软件资料和扶贫系统，确保高标准、高质量完成脱贫攻坚工作。

青海省国土资源厅结对帮扶班彦村支出

年度	出资单位	成效	慰问品价值（万）
2016	青海省国土资源厅下属 9 家单位 214 名干部	深入贫困户家中帮扶，增强了脱贫致富奔小康的信心和决心，为精准扶贫奠定了坚实的基础。	4.3
2017	青海省国土资源厅下属 9 家单位 214 名干部		6.6
小计			10.9

三、支部联姻强党建，合作共赢谋未来

互助县通过"党支部联姻帮扶"的方式，加强基层党组织建设，提升基层党组织能力，调动基层党员工作积极性，合力推进落实精准

松多乡松多村组织党员开展"七一"宣誓活动

省自然资源厅为帮扶村捐赠环卫设备

扶贫政策，着力解决"最后一公里"问题，发挥以党为核心的社会服务和管理功能，确保贫困村顺利脱贫。

各结对共建单位党组织和党员干部按照六个"必访"（结对户有重病住院必访、有婚丧嫁娶必访、有子女辍学或待业必访、有意外灾害必访、有思想异常必访、重大节假日必访）要求，根据单位实际，扎实开展"结对共建帮村"和"结对认亲帮户"工作。尤其是春节来临之际，各结对共建单位动员党员干部积极行动，通过深入基层、走访慰问、入户拜访等形式，广泛深入开展为结对认亲贫困户解民忧、办实事、送温暖活动，详细了解结对认亲贫困户的生产生活状况和遇到的困难，力所能及地帮助他们解决困难，让困难群众切实感受到党和政府对他们的关怀和关心，不断深化党群干群关系。同时帮助贫困户提前谋划备耕春播工作，详细了解农用物资准备情况，大力宣传强农惠农政策，指导贫困户发展符合区域优势的特色农牧业，切实增强贫困群众"造血"功能，争取早日脱贫致富。

青海省国土资源厅党支部联姻帮扶班彦村支出情况

序号	年度	单位	用途	资助金额（万）
1		省纪委驻厅纪检组	村环境卫生整治、村灌溉水渠的疏通、村教学点添加文体设施，工作队及村两委生活办公用品，村委会燃煤，特困户慰问，举办农村运动会等	0.5
2		省国土规划研究院		0.8
3		省移民安置局		1
4		省地质调查局		2.6
5	2016 年	厅国土资源博物馆		0.8
6		省矿业权交易中心		0.9
7		省地质环境监测总站		0.9
8		省土地统征整理中心		1.6
9		省国土资源科技信息中心		0.8
10		省国土资源执法总队		0.5
小计				10.4

续表

序号	年度	单位	用途	资助金额（万）
1		省纪委驻厅纪检组	村环境卫生整治、村灌溉水渠的疏通、村教学点添加文体设施，村委会燃煤，环卫工人清洁费用，修建垃圾堆放池，班彦村村级文化建设（广告牌、宣传栏、铁艺、照片墙、会议室装饰等），举办农村运动会等	0.3
2		省国土规划研究院		2
3		省移民安置局		2
4		省地质调查局		3
5	2017年	厅国土资源博物馆		1.2
6		省矿业权交易中心		2
7		省地质环境监测总站		2
8		省土地统征整理中心		2.68
9		省国土资源科技信息中心		1
10		省国土资源执法总队		2.68
小计				18.86
合计				29.26

◆◆案例 ⋯⋯⋯⋯⋯⋯⋯⋯⋯⋯⋯⋯⋯⋯⋯⋯⋯⋯⋯⋯⋯⋯

双联扶贫同频共振，脱贫致富精准对接

互助县丹麻镇温家村位于互助县东部，距县城18公里，平均海拔2600米，全村有3个自然村9个社273户，总人口1149人，居住着汉、藏、土等民族，2016年人均纯收入2950元。2016年，互助县国土资源局与丹麻镇温家村结成帮扶对子，扎实开展"单位帮村、干部帮户"工作，有力地促进了对口帮扶村经济社会发展，加快了结对村和结对户脱贫奔小康的进程。

"思路决定出路"。互助县国土资源局紧紧围绕增加农民收入这个核心，结合农村易地扶贫搬迁、危房改造、教育、医疗卫生、富民产业等扶贫工作任务，谋划发展思路。一是积极鼓励农户发展种植业，依托当地得天独厚的地理条件和气候优势，引导农户种植油菜、蚕豆等经济作物和当归、黄芪等中药材；二是发

展养殖业，鼓励农户发展猪、牛、羊、鸡等养殖业；三是大力支持发展劳务经济，积极引导青壮年劳动力到县城、西宁、平安等地开展务工，增加劳务收入。

在开展"双帮"工作以来，互助县国土资源局切实发挥党支部的战斗堡垒作用和党员的带头作用，积极寻求各方支持，根据村"两委"和农户需求，结合单位、干部自身实际，采用能落实项目的落实项目，能提供技术的提供技术，能提供信息的提供信息等"八仙过海各显神通"的方式，全力开展精准扶贫工作。

几年来，通过党支部和干部职工用真情对贫困户在思想上疏导、情感上交流、生活上关心，党员干部与贫困户的距离不断拉近，干群关系日趋融洽，得到了村民的一致好评。

在今后，互助县国土资源局将把"共奔小康社会，一个也不能少"和"不脱贫、不撤人"作为工作动力，打牢思想基础，强化工作措施，狠抓工作落实，为实现丹麻镇温家村实现突破性发展作出新的努力！

第四节　销号出列　脱贫摘帽

自 2015 年精准扶贫以来，在党中央国务院和省市委的领导下，互助县委、县政府带领全县各族干部群众团结一心、众志成城，以习近平新时代中国特色社会主义思想为指导，认真贯彻中央和省市脱贫攻坚决策部署，按照"三年集中攻坚、两年巩固提升"的总体目标，举全县之力强力推进脱贫攻坚工作，重视程度之高、政策举措之实、投入力度之大、社会参与之广前所未有，全县上下呈现出关注扶贫、参与扶贫、倾力扶贫的生动局面，脱贫攻坚取得显著成效。

截至 2018 年底，全县 118 个贫困村顺利退出，1.3 万户 4.3 万余名贫困人口全部脱贫，全县贫困发生率从 2015 年底的 14.1% 下降至 2018 年底的 0.26%，贫困人口人均可支配收入从 2015 年底的 2380 元增加到 2018 年底的 5216 元，年均增长 30%。九年义务教育巩固率达到 98.3%，城乡居民基本养老保险参保率达到 100%，城乡居民基本医疗保险参保率达到 100%，脱贫人口错退率和贫困人口漏评率均低于 2%，综合贫困发生率低于 3%，群众认可度高于 90%，群众获得感显著提升，解决了区域性整体贫困问题，达到整体脱贫摘帽条件。2019 年 3 月底互助县接受脱贫摘帽第三方评估验收，5 月 15 日经青海省政府公告退出贫困县序列。

根据中共中央办公厅、国务院办公厅《关于建立贫困退出机制的意见》和省委办公厅、省政府办公厅《青海省贫困县退出专项评估检查暂行办法》规定，经过县级申请、市级核查初审、省级核查验收和专项评估检查、退出公示等程序，**大通县、湟中县、湟源县、互助县、门源县、祁连县、海晏县、兴海县、贵南县、玉树市、称多县、玛多县符合贫困县退出标准。经研究，同意大通等12县（市）退出贫困县序列。**

特此公告。

青海省人民政府
2019年5月15日

青海省人民政府公告互助县退出贫困县序列

一、补齐短板"户销号"

互助县脱贫"摘帽"总体目标的实现，有赖于目标体系的纵向拆解。"县摘帽"由县级指标和"村出列"指标构成；"村出列"由村级指标和"户销号"指标构成。贫困户脱贫销号是实现贫困村出列的前提保障，其流程与精准识别评议、公示大致相同。

在 2016—2018 年的"三年集中攻坚"时期，互助县首先实现

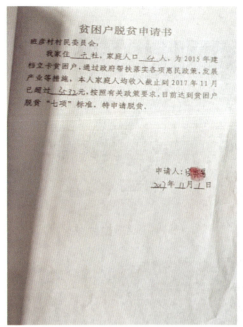

贫困户脱贫申请书　　　　　　　　班彦村贫困户退出名单公示

了贫困人口"两不愁、三保障"目标。实现"两不愁"目标主要是通过发展经济以增加村民收入，具体途径包括：以县各行业部门和东西部协作单位为资金与技术来源，以驻村工作队和村"两委"为执行主体发展多元产业；县教育局、就业局开展技能培训，县林业局、新农办、交通局等分别设置护林员、保洁员、园林绿化及管护员、公路养护员等其他公益性岗位解决剩余劳动力；县财政局、人民银行互助支行牵头提供金融服务，包括互助资金和"530"贷款支持产业发展。在实现"两不愁"的同时，完成"三保障"任务，也意味着"户销号"指标的完成。

"三保障"的实现主要以村为单位拆分给各行业部门。

教育方面，全面抓好"改薄项目"，大力改善办学条件。基础教育把提高贫困人口文化素质作为治本之策，保障贫困家庭子女在接受义务教育的基础上，接受高中及以上教育。县教育局和民宗局配合做好"控辍保学"工作，普及教育，保证因贫失、辍学"零"发生。

稳步抓好"控辍保学"——互助县五十镇中心学校正在组织入寺学生进行返校后学习动员工作

持续加强教师培训——"一师一优课、一课一名师"专家巡回指导

优化育人环境——班彦村幼儿园

不断优化育人环境——焕然一新的互助县职校幼儿园

班彦村放学学生

医疗救助方面，由县医保局负责，实现"四优先"和"十覆盖"，加强贫困人口医疗救助。2015 年底，因病及因残致贫共有 16549 人，占总贫困人口 38.41%，是首位致贫因素；有 684 位贫困户未参加大病医疗，占比 1.57%。在三年期间，互助县从"看病难"及"看病贵"两方面着手，有的放矢。2016 年，互助县实现贫困户城乡居民医疗、养老保险全覆盖，为 7465 人报销医疗救助费用 1330.58 万元，为 3757 人发放临时救助金 1893.42 万元。2017 年，互助县贫困群众医疗救助费用报销、残疾人补贴、农村低保金补助等优惠政策得到有效落实；8146 户困难群众共报销医疗费 1328.7 万元，3883 户农村困难家庭领取临时救助金 1611.5 万元。2018 年，互助县针对就医难题，全面落实"1234"健康扶贫工作机制，即开展"一站式"结算、实行"双签约"服务、实施"三个一批"工程和建立"第四道保障线"。全县建档立卡贫困户家庭医生签约服务人数 43286 人，签约率为 98.96%，履约率达到 100%。通过统筹基本医保、大病保险、医

惠民工程——健康医疗帮扶促进项目

疗救助、健康商业保险等 4 项综合性措施，为贫困人口报销医药费用 2447.72 万元，切实解决了贫困群众看病就医的后顾之忧。

危房改造前后

安全住房方面，由住建局牵头负责危房改造，保障贫困户安全住房。2015 年底精准识别的贫困户中，危房户共 3983 人，占比 9.13%；2016 年底危房户共 4375 人，占比 10.12%；2017 年底危房户共 4375 人，占比 10.01%；2018 年底，危房户仅剩 1 人。

同时，互助县实施易地搬迁，不仅生活条件得到改善，更是实现了"搬得出、稳得住、有产业、能致富"的目标。针对"一方水土养不起一方人"的实际，在群众自愿的前提下，累计投资 5.1 亿元，对 8 个乡镇的 16 个村实施了易地扶贫搬迁。共搬迁群众 1540 户 5308 人，其中建档立卡贫困户 652 户 2344 人，占总户数的 42%，占贫困人口总数的 5.4%，从根本上改善了困难群众的生产生活条件。

截至 2018 年，互助县采取金融扶贫、产业扶贫、结对帮扶等措施，预脱贫的 3863 户 13620 人贫困对象人均可支配收入达到 5216 元，超过 3762 元的脱贫标准，实现了"两不愁、三保障"，提高了村民幸福感，得到了全县村民的认可。

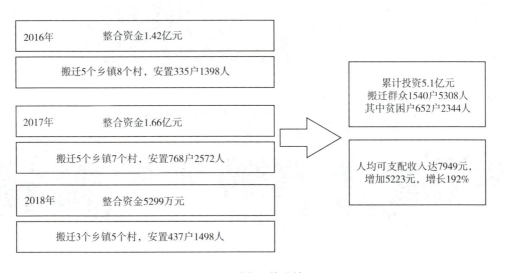

互助县易地搬迁推进情况

二、全面冲刺"村出列"

"两不愁、三保障"的完成只是实现了"户销号"的指标，而要完成全部贫困村"出列"，除了实现"户销号"，还需要实现完善基础设施等村级指标。贫困村"出列"的流程与"户销号"一致。

为完成贫困村退出指标之——修建村级综合办公服务中心，互助县在资金投入上给予了农村基层党建最大的倾斜。自 2015 年起，累计投入 8400 余万元用于"三基"建设——基层建设、基础工作和基本功训练，有力夯实了"抓基层、打基础"的资金保障。通过新建和改扩建，基本实现村级党员活动阵地建设标准化规范化。

在脱贫攻坚战中，政府投入大量人力物力财力来解决基础设施建设问题。此外，2015 年互助县成为青海省村集体经济的试点单位，全面启动村集体经济破"零"行动。每个贫困村配套 50 万元发展村集体经济，并设有股份制经济合作社。互助县立足资源、产业、市

班彦新村综合办公服务中心

场、人才等实际，用活用好村集体经济发展引导资金，全县各村均实现了集体经济破"零"。

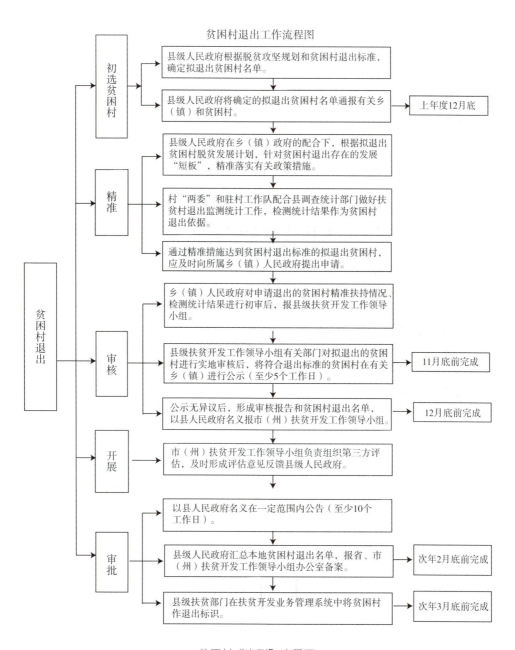

贫困村"出列"流程图

三、拿下总攻"县摘帽"

互助县委、县政府坚定不移贯彻落实习近平总书记扶贫开发战略思想和"四个扎扎实实"重大要求，坚决把脱贫攻坚作为最大的政治任务、最大的责任担当、最大的民生工程和压倒一切的"头等大事"

青海省2018年度脱贫攻坚先进集体、先进个人表彰对象公示名单

青海发布 9月3日

▲

点击"青海发布"即可订阅官方微信！

为树立脱贫攻坚先进典型，发挥好示范引领作用，根据省扶贫开发工作领导小组办公室关于印发《青海省2018年度脱贫攻坚奖评选表彰工作方案》(青扶组办〔2019〕36号)的通知，由省扶贫开发工作领导小组办公室牵头，采取自下而上，层层推荐的方式，确定了表彰对象建议名单，并报省扶贫开发工作领导小组第五次会议审议。为充分发扬民主，广泛接受社会监督，现将2018年度脱贫攻坚先进集体、先进个人表彰对象名单予以公示。**公示时间5个工作日(9月3日—9月7日)。**如对公示人选有异议，可通过电话、传真等方式向省扶贫开发工作领导小组办公室直接反映，并告知或签署本人真实姓名和工作单位，以利于了解核实情况。

联系人： 赵建新 何金超
联系电话： 0971—8242209
　　　　　　 8239837(传真)

青海省扶贫开发工作领导
小组办公室
2019年9月3日

脱贫攻坚先进集体(8个)

湟中县 互助县 格尔木市 兴海县

祁连县 玉树市 玛多县 尖扎县

互助县被评为"全省脱贫攻坚先进县"

来抓，紧盯"三年集中攻坚、两年巩固提升"的总体目标，不断强化攻坚举措，在"户销号"和"村出列"的基础上，全县脱贫攻坚最终取得了成功。

特别是 2016 年 8 月 23 日，习近平总书记亲临互助县五十镇班彦村视察指导工作，全县广大干部群众备受鼓舞，以实际行动把习近平总书记的殷切嘱托和重大要求转化为脱贫攻坚的生动实践。2018 年底，全县 118 个贫困村全部退出、4.3 万名贫困人口脱贫。

2019 年 5 月，全县绝对贫困人口"清零"并退出贫困县序列，历史性解决了少小民族区域性整体贫困问题，并被评为"全省脱贫攻坚先进县"。

互助县贫困退出专项评估对接会

第五节　巩固成果　确保长效

为持续巩固脱贫攻坚成果，稳定提高脱贫质量，互助县始终保持攻坚态势，按照"三年集中攻坚，两年巩固提升，到2020年与全国同步全面建成小康社会"的脱贫攻坚总体目标，在2018年实现全县脱贫摘帽、贫困村退出、贫困人口脱贫，以及"两不愁、三保障"目标任务基础上，坚持"脱贫不脱政策、脱贫不脱帮扶、脱贫不脱项目"，到2020年，实现农村生产生活条件明显改善，基本公共服务水平大幅度提高，农民自我发展能力显著增强，脱贫攻坚质量和巩固成效显著提升。脱贫户年人均可支配收入增幅不低于9%，综合贫困发生率控制在1%以内。

一、脱贫不忘初心

2019年5月15日，互助县经过"三年集中攻坚"，成功退出贫困县序列。与此同时，互助县进一步助力乡村振兴战略，将"两年巩固提升"分三步进行，为长远可持续发展打牢根基。

早在2019年1月底前，通过全面梳理，互助县制定了巩固方案。各乡镇、各部门、各单位结合自身实际，对脱贫攻坚成果巩固提升各项工作进行全面梳理和归纳，制定了具有针对性、可操作性的《脱贫攻坚成果巩固提升实施方案》，并进一步明确了目标任务、具体措施、完成时限及保障措施等。

互助县两年巩固提升目标

巩固对象	2019—2020 年巩固提升目标
贫困户脱贫成果	（1）产业：由县农牧局牵头，确保每一户贫困户都有一项稳定增收的产业；实现每个退出贫困村有 1 个以上运行规范、带贫能力强的合作社并辐射带动本村脱贫户。 （2）技能培训：由县就业局牵头，大力实施应需培训和订单培训，两年内，累计培训脱贫户 600 人以上，力求实现"掌握一技，就业一人"。 （3）资金：由县财政局牵头计划分两年对全县剩余的 149 个未发放互助资金的非贫困村每村发放一定数额的互助资金，用于扶持农户巩固产业发展项目，到 2020 年实现所有行政村互助资金发放全覆盖。 （4）教育：由县教育局牵头，对符合条件的脱贫户家庭学生严格按照"雨露计划"补助标准做到"应补尽补"；有意愿的"两后生"全部接受技能培训。 （5）医保：由卫计局牵头，2019—2020 年继续为脱贫人口购买每人每年 100 元的"健康保"商业补充保险。2020 年实现每个乡镇卫生院有 1 名全科医生。
贫困村退出成果	（1）基础设施：由县发改局牵头，各行业部门负责。到 2020 年，人畜饮水工程保障率达 100%；实现"乡通油路、村通水泥路、户通硬化路"的目标；供电保障率达 100%。 （2）乡村旅游：由县文化旅游体育局牵头，每年至少打造两个乡村旅游示范点，通过示范引领和辐射带动脱贫户 200 户以上，户均年增收 8000 元以上。 （3）电商：由县工商局牵头，到 2020 年，争取实现 294 个行政村村级电商服务站点全覆盖，带动群众 12 余万人，电商年交易额达到 1000 万元以上。 （4）科技服务：由县农牧局牵头，每个退出贫困村至少有 1 名科技人员服务，县内培育 10—20 个科技示范村、建成 5—10 个农业科技示范基地。 （5）人居环境整治：县新农村建设服务中心牵头，2019 年的目标是打造 10 个具有示范效应的农村环境综合整治县级样板村。到 2020 年，实现高原美丽乡村建设全覆盖，农村生活垃圾清运率达到 88%、户用卫生厕所普及率达到 85%、村庄绿化率达到 100%、亮化率达到 93%。 （6）东西协作：县扶贫局牵头，充分利用无锡市新吴区人才、技术、经济优势，积极争取东西部扶贫协作帮扶资金 356 万元，实施医疗卫生资源对口帮扶、贫困大学生资助、优秀教育人才互派等项目。
互助县摘帽成果	（1）提升扶贫干部能力：由县委组织部牵头，加大基层薄弱村村干部培训。加强对脱贫一线干部的关爱激励。 （2）广泛动员：由县委组织部牵头，继续推进"百企帮百村、百企联百户"精准扶贫行动，把退出贫困村资源优势转化为发展优势。切实发挥工会、共青团、妇联、工商联等组织的优势，整合产业、教育、服务、资金等资源。 （3）扶志：由县委宣传部牵头，开展"六学六育"和"移风易俗"活动。

　　2019 年 2 月至 12 月为巩固提升阶段，确保互助县稳定脱贫。互助县对全县脱贫户进行全面巩固提升，并按照"有进有出"的原则，实行动态管理，将困难群众应纳尽纳，将综合贫困发生率控制在 1% 以内；以全县 118 个退出贫困村为重点，统筹考虑 176 个非贫困村，全力做好产业发展、基础设施和公共服务配套建设等方面的巩固提升。通过对退出贫困村、脱贫户的巩固提升，目标是使脱贫户人均可支配收入增幅高于全县平均水平，各项基本公共服务主要领域指标达到全县平均水平，实现稳步脱贫致富，并逐步达到小康。

　　2020 年 1 月至 12 月为提质增效阶段，目标是全面建成小康。通过实施一系列脱贫攻坚成果巩固提升措施，农业农村基础条件进一步提升，农牧业产业提质增效；全县农村生产生活条件得到全面改善，基本公共服务水平得到大幅度提高；农户自我发展能力得到显著增强，全面实现了农村脱贫户住有所居、学有所教、病有所医、老有所养；全面消除了绝对贫困现象，全面遏制了因病因学致贫现象发生。

东山乡联大村文化综合广场全景

互助县全民健身综合馆

五十镇寺滩开展送书下乡活动

威远镇白崖村村民在农家书屋里"充电"

东山白牙合村农家书屋

东和文化长廊

二、扶贫不忘扶志

互助县在解决了贫困人口的物质贫困问题后还持续关注"精神贫困"问题。物质脱贫不是小康，精神富裕也不是小康，只有二者的统一才是真正达到小康。为此，互助县主要通过开展"六学六育"和"移风易俗"两项活动抓好精神脱贫、做好扶志工作。

开展"六学六育"宣讲，提高老百姓政策知晓率。"六学六育"的主要内容是：学党的理论，育信念坚定的明白人；学核心价值，育时代精神的践行人；学惠民政策，育美好生活的感恩人；学脱贫典型，育圆梦小康的带头人；学文明新风，育移风易俗的垂范人；学传统文化，育中华道德的传播人。通过创新开展"六学六育"主题活动，互助县打通了宣传群众、教育群众、服务群众和关心群众的"最后一公里"，为打赢脱贫攻坚战和推进乡村振兴战略提供了坚强保障。通过夜校培训，提高政策知晓率；通过农民讲习所，学习脱贫典型，着力

"六学六育"主题活动动员大会

塘川镇"六学六育"主题宣讲暨元宵节花灯展活动

东和乡柳树沟村新时代农民讲习所揭牌仪式

贫困户在农民讲习所学习政策和脱贫典型

营造自力更生良好氛围，引导贫困户思想由"要我脱贫"向"我要脱贫"转变。

"移风易俗"主要是通过成立红白理事会，改善不良习俗；通过修订村规民约，破除陈规陋习。红白理事会成员由党员、村民代表选举，推选5—7名德高望重、热心群众工作的理事会成员；一般各社出一名，可吸收老党员、老干部、老教师和乡贤人士参加，负责办理本村婚丧嫁娶事宜。红白理事会有效抑制了红白喜事中的铺张浪费现象。

互助县要求各乡镇指导各行政村通过召开支部会、党员大会、村民代表大会酝酿讨论，按照符合法规、因地制宜、群众参与、便于操作的原则，在原有村约基础上重新修订《村规民约》。几乎所有的村都按照要求修订或制定了村规民约。

2019年底，全县所有行政村均建立了红白理事会，完善了《村规民约》，做到了有人管事、有章理事、规范办事。结婚彩礼、婚丧

理事会成员发放移风易俗宣传海报

上刘家村村规民约

理事会上门做群众的思想工作

喜庆等费用明显下降，农村陈规陋习蔓延现象得到有效遏制。2020年，农村移风易俗工作与全面建成小康社会实现了协调发展。红白喜事简办，文明理事的社会风尚基本形成，移风易俗成为广大农民群众的自觉行动，乡风民风持续向上向好。

第 3 章

创新方法拔穷根
多措并举谋发展

第一节　整合扶贫政策，创新扶贫举措

作为实现全面建成小康社会宏伟目标的重要攻坚战，精准扶贫成为一项全国性的政治任务。根据自上而下的政策要求，互助县制定了《互助县精准脱贫攻坚实施方案（2016—2020 年)》（互发〔2016〕21号），即"1+8+10"体系中的"1"。该方案突出了精准扶贫的政治属性和政治站位，也对互助县精准扶贫任务进行了整体布局。随后，互助县又根据项目和行业的不同，将其拆解为"8+10"（共 18 项）政策。

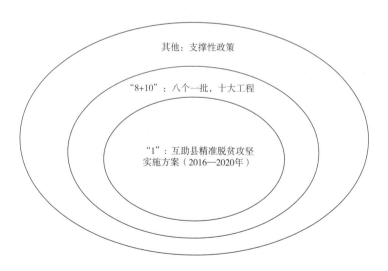

其他：支撑性政策

"8+10"：八个一批，十大工程

"1"：互助县精准脱贫攻坚
实施方案（2016—2020年）

互助县脱贫攻坚政策体系

每一个政策由一个主体部门或机构牵头制定和执行，与全县脱贫攻坚行动计划共同构成县级"1+8+10"脱贫攻坚政策包，成为全县精准扶贫工作的纲领性文件。通过将分散的政策和资源整合，互助县建立了完整的扶贫政策体系，由分散化扶贫步入一体化扶贫。

精准扶贫被构建为一项囊括政治、经济、文化、社会、生态等多要素，基础设施、公共服务、医疗卫生和社会保障以及乡风建设等多领域的综合性工程。互助县脱贫攻坚政策覆盖多个领域，旨在全方位、精准化、根本性地改变贫困群体的生活面貌，为乡村振兴筑牢坚实基础。在扶贫政策实践过程中，互助县坚持"规定动作"不走样，"自选动作"有特色，借助扶贫东风，大胆实践，努力创新，以民生需求为导向推动互助县的全面发展与变革。一是紧抓就业安置，为贫困群体持续增收提供稳定渠道；二是聚焦产业发展，积极探索项目撬动资源、产业推动经济、经济改善民生的脱贫致富新道路；三是扎实推进东西部协作，积极学习发达地区的经验，着力弥补自身短板，积极争取资源支持，确保资源落地增效。

互助县脱贫攻坚政策清单

	政策名称
一个实施方案	《互助县精准脱贫攻坚实施方案（2016—2020 年)》
"八个一批"脱贫攻坚计划	《互助县发展产业脱贫攻坚行动计划》
	《互助县易地搬迁脱贫攻坚行动计划》
	《互助县资产收益脱贫攻坚行动计划》
	《互助县转移就业脱贫攻坚行动计划》
	《互助县医疗保障和救助脱贫攻坚行动计划》
	《互助县教育脱贫攻坚行动计划》
	《互助县低保兜底脱贫攻坚行动计划》
	《互助县生态保护与服务脱贫攻坚行动计划》
十个行业扶贫专项方案	《互助县交通扶贫专项方案》
	《互助县水利扶贫专项方案》
	《互助县电力扶贫专项方案》
	《互助县医疗卫生扶贫专项方案》
	《互助县通信扶贫专项方案》

续表

	政策名称
十个行业扶贫专项方案	《互助县文化惠民扶贫专项方案》
	《互助县金融扶贫专项方案》
	《互助县科技扶贫专项方案》
	《互助县电子商务和市场体系建设扶贫专项方案》
	《互助县农牧民危旧房改造扶贫专项方案》
其他支撑性政策	《江苏省无锡市高新区（新吴区）"十三五"对口帮扶青海省海东市互助土族自治县扶贫协作规划（2016—2020）》等

第二节　稳端就业"饭碗"，筑牢民生基石

一、因人而异精准设岗，多种途径确保增收

整体而言，贫困群体的文化素质、思想观念、劳动水平和能力都

残疾人参加烹饪培训

五十镇班彦新村群众学习交流盘绣产品

较为落后，尤其是绝大部分家庭都存在老弱病残或多子嗣的情况（这往往也是贫困家庭的致贫原因），青壮年劳动力极为不足。不仅如此，当地青壮年劳动力的技术又局限于传统农业，缺乏工业生产和企业管理知识，寻找合适的就业极为困难。因此，互助县针对性地采用了多种方式解决群众的就业问题，不仅为青壮年劳动力提供就业机会和渠道，还尽可能让有一定劳动力的妇女、老人，甚至残疾人也力所能及地就业，为家庭增收。

具体而言，针对青壮年劳动力，互助县一方面鼓励本地企业吸纳本地劳动力，另一方面持续加强劳动力技能培训和劳务输出。将本地无法吸纳的劳动力有计划、有组织地向外输出，是家庭收入来源最重要的保障。对于无能力就业或低就业能力的特殊群体，互助县坚持利用各类保障性政策兜底或提供简单的公益性就业岗位保障收入的稳定。例如，组织村内的老人和妇女就地从事盘绣、家政等工作，既能兼顾家庭，又可以获得收入；集合部分无法参与劳动的群体的产业到户资金购买商铺或投资分红；为贫困劳动力提供公益性岗位，让其担任生态护林员、保洁员等。

二、公益岗位稳就业，国家补贴惠民生

为解决农村剩余劳动力，互助县以"岗位开发以公益服务为主、解决对象以困难群体为主"为原则，实施农村公益性岗位"千人计划"项目。县林业局、新农办、交通局等分别设置护林员、保洁员、园林绿化及管护员、公路养护员等公益性岗位。在充分征求部分乡镇意见的基础上，分配全县 18 个乡镇 279 个行政村公益性岗位 950 个，优先扶持和重点为就业困难贫困人员妥善解决好就业问题，进一步壮大农村公益性服务力量，建立了就业援助的长效机制。

以生态工程为例。2019—2020 年，互助县累计实施重点防护林工程、天保二期工程等 31.48 万亩以上，累计向贫困户提供用工 3.6

一批建档立卡贫困户被聘为生态护林员，守护着青山绿水

余万次以上，实现务工收入 288 万元以上。同时，互助县加大生态管护岗位开发力度，创新生态资金使用方式，按现行政策和补偿标准，在稳定现有公益林管护员、天然林管护员等生态公益性岗位的基础上，2019—2020 年，每年安排 400 名以上具有劳动能力，且符合护林员录用条件的脱贫户参与生态公益林管护，户均年增收 1.2 万元以上；安排 550 名以上具有劳动能力，且符合护林员录用条件的脱贫户参与天然林管护工作，户均年增收 1.4 万元以上，实现脱贫户就地、就近就业，提高脱贫户收入水平。

三、转移就业促增收，职业培训有保障

在转移就业方面，互助县从企业吸纳和劳动力培训两方面入手。一是健全完善企业、专业合作社等与脱贫户的利益联结机制，从 2019 年 1 月起，在原有基础上，对新吸收脱贫户务工签订劳动合同一年以上的企业，按每年每人 2000 元的标准给予企业补助，最长可补助 3 年；对新组织脱贫户务工 4 个月以上、收入达到 1 万元以上的中介机构，按照每人 200 元的标准给予中介机构补助。

二是通过职业培训促进就业。以"雨露计划"、新型职业农民培训及创业致富带头人培训等为载体，互助县大力实施应需培训和订单培训。2019—2020 年，累计培训脱贫户 600 人（次）以上，力求实现"掌握一技，就业一人"。在职业教育培育方面，互助县深入实施"雨露计划"、"农民工进城务工计划"、新型职业农民培训等劳动力技能培训工程，计划利用三年时间，实现建档立卡贫困户技能培训全覆盖，确保每户至少有 1 名技能明白人或接受中职及以上学历教育培训，开展新型职业农民培训 1000 人以上。

在职业技能培训方面，互助县积极发挥县职业培训中心统筹管理作用，将城乡劳动力技能促就业计划统筹纳入当地贫困劳动力培训计划，整合各类培训项目，依托当前开展的精准扶贫工作，深入贫困户

职业教育开出致富花

2016 年转咀村创业领头人培训班

种植养殖技能培训

家庭开展培训需求调查，侧重培训周期短、易学易会、脱贫增收见效快的"短平快"职业技能。同时，调整培训方式，利用农闲时间，开展就业技能培训。务农和技能培训"两不误"，技能和收入"两提高"。

第三节　谋划产业项目，助推经济发展

一、"三园"引领"三县"：产业脱贫嵌入县域经济体系

互助县深入挖掘县域资源禀赋，制定了"三园"引领"三县"的产业发展政策，即以高原现代农业示范园、绿色产业园和土族故土园"三园"引领现代农业示范县、生态经济强县和高原旅游名县"三县"。互助县充分意识到脱贫攻坚工作与县域经济发展间的相互促进关系。

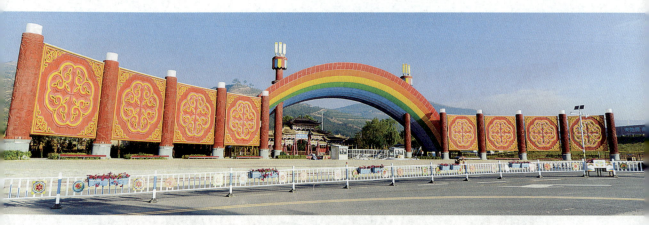

互助土族故土园

　　精准扶贫政策背后是大量的资源和支持，尤其是产业帮扶政策，包括外部资本引入、资金投入、技术指导、劳动力技能培训和其他外部组织力量支持。这不但是对贫困群体就业、贫困地区发展的全面帮扶，也是县域经济发展的"助推器"。

　　互助县充分发挥县域经济和扶贫资源的双重优势，探索出一条项目撬动资源、产业推动经济、经济改善民生的脱贫致富新道路。首先，因地制宜选择各村适宜发展的产业项目，并以此为依托整合产业到户资金、村集体经济扶持资金、合作社支持资金等资源。其次，结合县域经济发展情况，将各村产业项目纳入县域产业体系，与互助县特色农产品加工业、自然和民俗旅游业等优势产业协同发展。最后，将产业发展所带来的收益通过股份分红、吸纳就业等方式回馈群众，实现民生改善的可持续。

二、培育特色农业，走农业现代化道路

　　传统小农业和粗放式农业的微薄收益难以支撑农民的脱贫致富道路；发展绿色经济、走农业现代化道路是互助县的现实选择。为此，互助县制定了以"高原现代农业示范园"引领现代农业示范县、以"绿

互助县丹麻镇补家村香菇种植大棚

班彦村民发展养殖八眉猪产业

色产业园"引领生态经济强县的农业发展战略。

互助县以项目建设为支撑，夯实园区发展基础，探索多元化投融资体制改革与创新，鼓励农民、企业、金融等积极参与园区建设。2017 年，共实施财政支农和农业综合开发项目 31 项。2018 年 6 月，累计完成投资 49.26 亿元，实现产值 49.06 亿元，直接争取财政专项资金 1.72 亿元，重点扶持和壮大涉农企业、农民专业合作组织等经济实体 11 个，解决固定就业岗位 150 个以上，产业示范面积达到 1.28 万亩。以科技示范为引领，加快农业转型升级，加快现代农业科技创新应用步伐。相继建成科技研发中心、组培育苗中心、蔬菜工厂化育苗中心、现代农业信息中心、产业化发展研究中心，累计引进新品种 286 个、新技术 29 项，建成科研创新基地 5000 亩，建立特色制繁种基地 20 万亩，特色蔬菜生产基地 3 万亩，蔬菜、中药材等年育苗能力达 1600 万株。2017 年实现粮油综合产量 30.12 万吨，各类畜禽出栏 125.5 万头只，油菜和马铃薯产量分别占全省的 1/4。全省重要粮食生产和"菜篮子"基地的地位不断巩固。

同时，互助县以品牌培育为方向，增加农业产出效益，持续做大做强高原冷凉作物制繁种、八眉猪特色养殖和特色蔬菜生产等特色优势产业，成功打造了"互丰"牌种子、"汉尧"牌菜籽油、"松多牧场"牌八眉猪肉、"瑶池印象"牌树莓、"威达"牌燕麦等农畜产品品牌。特色农畜产品加工能力不断增强，"互"字牌品牌建设成效明显。

三、发展旅游经济，做高原旅游新星

互助县位于青藏高原，良好的自然环境和特色民俗资源是其独特的资源优势。在诸多旅游景点中，互助土族故土园是互助县旅游业的金字招牌。互助土族故土园距青海省会西宁市 31 公里，是集游览观光、休闲度假、体验民俗、宗教朝觐为一体的综合旅游景区，具体包括彩虹部落土族园、纳顿庄园、天佑德——中国青稞酒之源、西部民俗文化村、小庄民俗文化村。互助县以互助土族故土园引领高原旅游名县作为重要的经济发展战略之一，在为贫困村选择产业时将民俗旅游和自然观光产业作为重要突破口，并与土族故土园纳入一体化建设。

◆◆案例 ....

"砂石场"摇身化为聚宝盆

互助县威远镇卓扎滩村地处浅山地区，距互助县城 4 公里，地理位置优越，人口密集。2017 年，卓扎滩村砂场关停，成了村里堆放垃圾的垃圾场。村党支部书记颜章东提议"建景区，发展乡村旅游"。经过全村商议，决定以村民自愿入股的方式筹集资金，采用了"政府＋村集体＋企业＋村民"的运营模式，将现有

卓扎滩景区彩虹滑道

卓扎滩村村民分享领到村集体经济分红纪念证书的喜悦

的采矿用地性质的 110 亩河滩地、49 亩集体地块进行整合，大力发展乡村旅游业，成立青海卓扎滩生态文化旅游投资发展有限公司。

卓扎滩景区自 2018 年 4 月正式开建，9 月一期初步建成试运营。共打造了至乐鱼水、乡村大舞台、网红水玩、迷幻魔洞、彩虹滑道、美食广场、亲子乐园等 10 个主要景点和娱乐项目，投资近 2000 万元。2019 年 8 月 1 日，全村进行了第一次村集体经济分红，分红资金达到 100 万元，其中普惠式分红人均 394.6 元。卓扎滩在为巩固和发展精准脱贫成果找到了一条可持续的长久之计的同时，有力保障了村集体经济的发展壮大。

同时，卓扎滩村发展的生态旅游带动周边前跃、纳家 4 个村融合发展乡村旅游。小庄村依托传统基础发展民俗旅游接待，白崖村整合资源发展多样化资产经营，实现"抱团发展"。各村产业特色明显，避免了同质化和"一拥而上"。

白崖村的粮油加工厂

第四节　东西协作"一线牵"，明灯照亮小康路

一、帮扶促发展，携手共前行

2017 年初，无锡市新吴区人民政府和互助土族自治县人民政府结为对口帮扶地区。结对帮扶关系得到了双方领导的高度重视。互助县成立了以县委书记为第一组长、县长为组长的东西部扶贫协作工作领导小组，并配备专门的工作人员，全面负责东西部扶贫协作各项工作。新吴区则相应成立了对口支援领导小组，区主要领导担任领导小组组长，区分管领导担任领导小组副组长，各职能部门和街道板块主要负责人及互助县对口帮扶前方工作组组长担任组员。此外，双方还建立了高层领导联席会议制度，每年定期举行联席会议，分析总结新吴区与互助县的帮扶支援工作，研究解决对口帮扶与经济合作重大事

新吴区—互助县对口帮扶联席会议

项，细化、明确下阶段各项工作任务，协调推进新吴区与互助县的区域合作。

根据"区—县"层面的整体布局，新吴区和互助县充分利用体制内资源，探索在两地乡镇、行政村之间的结对帮扶，开展"一对一"精准帮扶。无锡市新吴区旺庄、梅村、鸿山等 6 个街道分别与互助县五十镇、松多、丹麻等 6 个乡镇建立结对帮扶关系并签订框架协议，"层层结对"的安排使得帮扶工作更加精准。如此一来，项目百花齐放，资金用途更加多元化。例如，2018 年旺庄街道投入帮扶资金 200 万元，用于发展壮大班彦村养驴场；鸿山街道投入帮扶资金 30.55 万元，用于桦林村新农村建设项目；硕放街道投入资金 50 万元，用于松多乡花园村搬迁村装修、公共用房装修以及办公用品采购。各街道和各行政村在充分调研的基础上共同商讨制定帮扶规划，使得帮扶单位能够更加及时有效地解决受帮扶地区的重大困难，确保帮扶工作的精准性和实效性。

东西部扶贫协作互助县南门峡镇运营中的智慧露营地

　　在将"结对体系"延伸到最低一级人民政府后，企业、社会团体、基金会、爱心人士和志愿者等社会力量也被纳入帮扶体系，真正意义上打造了"纵贯到底"的结对帮扶体系。一方面，新吴区政府开展了"百企帮百村"活动，鼓励高新区企业发挥资金、技术、市场、管理等优势，以资源开发、市场开拓、捐资助贫等多种形式结对帮扶特定贫困村。另一方面，高新区部分爱心人士和志愿者也参与到扶贫协作工作中来，与贫困地区留守妇女、儿童、老人、残疾人等特殊群体"一对一结对、手拉手帮扶"。最终，互助县与新吴区形成了"自上而下、点面结合、内外共同发力"的扶贫协作新格局。

新吴区领导到互助县调研

户企帮扶结对仪式

新吴区—互助县扶贫协作组织体系

互助县	新吴区	帮扶体系
东西部扶贫协作领导小组	对口支援领导小组	"东西部协作"
6个乡镇	6个街道	"携手奔小康"
贫困村	企业	"百企帮百村"
贫困和弱势群体	社会团体、基金会、爱心人士和志愿者	"手拉手帮扶"

自结成结对帮扶关系以来，互助县无锡市新吴区共同研究编制《"十三五"对口帮扶协作规划》，先后召开高层联席会议7次，开展互访交流活动160余次，互访人数达3000余人次，扶贫协作关系十分紧密。按照"项目跟着规划走、资金跟着项目走"的原则，精准实施产业合作、医疗卫生等8大类69个项目，建立互助特色农畜产品稳定供销机制，累计实现消费扶贫2000余万元。深入推进人才交流与劳务合作，互助县1000余名教育、卫生行业先进工作者分13批次赴新吴区学习，先后组织150名贫困劳动力赴无锡市新吴区务工，人均月收入5000元以上，实现了一次性就业脱贫。深入开展"携手奔小康行动"，全县489名贫困学生得到新吴区政府、企业、社会团体和爱心人士资助1122万元；新吴区6个街道与互助县6个乡镇建立结对帮扶关系，先后投入帮扶资金2571万元，扶持互助县五十、丹麻、松多等乡镇实施新农村建设、推进易地搬迁村后续产业等项目，为全县脱贫攻坚注入新活力。

二、资源投入助力产业发展

农业是互助县的支柱性产业。互助县具有良好的种植养殖业基础，当归、黄芪等中藏药材种植，马铃薯、油菜、青稞等特色经济作物种植，八眉猪、葱花鸡养殖等都是互助县的传统产业。对此，新吴区从生产和销售两方面进行大力扶持。一是通过理念引导、资金投

新吴区领导调研土族盘绣产业

新吴区领导调研绿色产业园

江苏振发新能源公司投资 1600 万元实施的班彦村 2 兆瓦光伏项目

入、技术投入方式帮助扩大产业规模、延长产业链、提升农产品附加值。二是依托高新区营销平台和物联网优势，帮助互助县加强农特产品的品牌策划、包装、推介宣传，积极推广 O2O 等新模式，实施"产销对接助脱贫"行动。具体而言，采取政府授牌，支持在新吴区市场内设立专门针对互助县的特色农产品和盘绣手工艺品销售门店，协助搭建农特产品销售网络，实现产销快捷对接。新吴区网络销售平台成为互助县发展电子商务扶贫产业的重要渠道。

除了传统的种植养殖产业，光伏产业也是双方合作的重要领域。在充分调研考察的基础上，新吴区光伏产业优势与互助县日照充足优势完美结合。双方在太阳能供热、分布式光伏发电、光伏地面电站等新能源产业领域进行合作，大量新能源企业参与了互助县光能、水能、风能等清洁能源开发工作。

三、劳务协作推动劳动力转移就业

经过协作探索，互助县和新吴区建立了成熟的输出地与输入地劳务对接机制。根据"政府推动，市场主导"原则，两地人社或劳务输出部门以人力资源市场为主搭建企业和劳动力供需对接服务平台。从劳务输入地来看，新吴区负责提供企业用工信息需求，组织用工企业前往互助县开展供需见面会、专场招聘会，并协助互助县开展劳动力培训，同时鼓励用工企业给予农村转移就业劳动者岗位技能提升培训。从劳务输出地来看，互助县以招聘会为契机有组织地选拔劳动力，并通过整合人社、扶贫、教育、农业等相关职能部门的培训资源，统筹开展有针对性的职业技能培训、就业引导性培训，如泥瓦工、挖掘机驾驶、电焊、汽修培训。

互助县做好前期思想动员、劳动力组织和选拔、培训等准备工作，新吴区开拓就业渠道。双方开展的劳务协作成为互助县"转移就业脱贫"的重要资源渠道。在整体就业安排中，双方尤其注重引导建档立卡的贫困大学生就业，优先保障有劳动能力的建档立卡贫困人口到新吴区就业。

互助县 2018 年"春风行动"暨无锡市新吴区对口帮扶专场招聘会

东西部扶贫协作专场招聘会

海东互助—无锡新吴劳务协作专场招聘会

四、人才交流强化队伍建设

互助县找准经济社会发展亟须解决的难点问题，充分利用无锡市人才、技术、经济优势，通过双向挂职、人才培训、技术帮扶，缓解互助县各项事业发展的人才瓶颈。

一是干部互派。互助县从县直单位选派科级领导干部到新吴区开展为期半年的挂职锻炼，学习先进的管理理念、技术和经验；新吴区着重挑选管理能力强、工作经验丰富、能带动群众的干部到互助县挂职，推动扶贫攻坚和两地协作。

二是教育帮扶。互助县派遣大批的幼儿园、小学、初中、高中以及职教教师前往江苏省参加培训。通过跟岗学习、交流座谈、实践授课、教学研讨等多种方式，系统学习学校管理、教学管理等方面的知识，提升理论和业务水平。新吴区也积极争取优质师资到互助县开展

新吴区领导调研贫困村村卫生室建设情况

东西部扶贫协作对口帮扶干部合影

教学活动。

三是医疗卫生帮扶。互助县卫计局依托优质医疗卫生资源对口帮扶项目，选派医护人员赴无锡跟岗培训，并通过召开两县（区）医疗卫生对口帮扶交流座谈会，及时对对口帮扶工作进行总结和进一步规划。

四是培养和培训贫困村创业致富带头人。互助县委组织部实施贫困村创业致富带头人培训项目，带领 19 个乡镇的村（社区）党支部书记和村委会主任外出学习、考察、培训，江苏无锡是重要的学习观摩点。通过一系列培训，进一步提升了互助县干部队伍能力素质，打造了一支高素质、精干管用的干部队伍。

第4章

脱贫攻坚奔小康
勠力同心铸辉煌

第一节　漫漫攻坚路，赫赫脱贫功

自 2015 年精准扶贫以来，在党中央国务院和省市委的领导下，互助县委、县政府带领下，全县各族干部群众团结一心、众志成城，以习近平新时代中国特色社会主义思想为指导，认真贯彻中央和省市脱贫攻坚决策部署，按照"三年集中攻坚、两年巩固提升"的总体目标，举全县之力强力推进脱贫攻坚工作，重视程度之高、政策举措之实、投入力度之大、社会参与之广前所未有，全县上下呈现出关注扶贫、参与扶贫、倾力扶贫的生动局面，脱贫攻坚取得显著成效。截

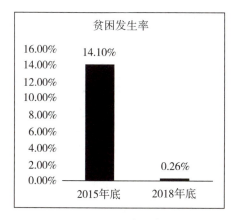

互助县贫困发生率

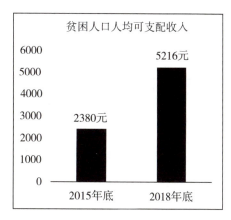

互助县贫困人口人均可支配收入

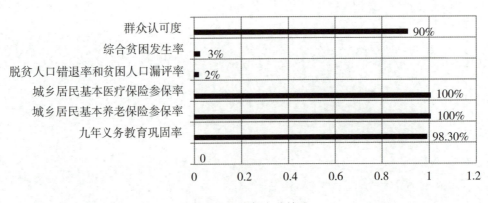

互助县六大指标完成情况

至 2018 年底，全县 118 个贫困村顺利退出；1.3 万户 4.3 万余名贫困人口全部脱贫；全县贫困发生率从 2015 年底的 14.1% 下降至 2018 年底的 0.26%；贫困人口人均可支配收入从 2015 年底的 2380 元增加到 2018 年底的 5216 元，年均增长 30%。

在六大脱贫指标中，互助县九年义务教育巩固率达到 98.3%，城乡居民基本养老保险参保率达到 100%，城乡居民基本医疗保险参保率达到 100%，脱贫人口错退率和贫困人口漏评率均低于 2%，综合贫困发生率低于 3%，群众认可度高于 90%，群众获得感显著提升，解决了区域性整体贫困问题，达到整体脱贫摘帽条件。2019 年 3 月底，互助县接受脱贫摘帽第三方评估验收，5 月 15 日经青海省政府公告退出贫困县序列。

2018 年贫困村退出情况

指标	2018 年贫困村退出指标完成情况
1. 贫困发生率	今年预脱贫的 47 个贫困村均达到贫困发生率低于 3% 的标准。
2. 村级集体经济或贫困村村级发展互助资金	投入非贫困村集体经济发展扶持资金 7040 万元，其中，投资分红涉及 18 个乡镇 172 个村；新建商铺涉及 1 个乡镇 4 个村。投入村集体经济光伏扶贫项目资金 5900 万元，实施了 57.7 兆瓦村级光伏扶贫项目。全县 274 个行政村村集体经济实现全覆盖。

续表

指标	2018 年贫困村退出指标完成情况
3.通行政村的沥青（水泥）路	投资 8630 万元，实施 66 个行政村村道硬化 312.14 公里，其中，贫困村硬化 303.86 公里，实现了主要道路全部硬化的目标。
4.安全饮水	投资 9223.98 万元，实施 47 个贫困村饮水安全工程和五峰镇岩崖、五十镇土观等 4 个易地搬迁安置村饮水安全工程，完成 47 个预脱贫村有安全饮水目标。
5.生产生活用电	投资 2.09 亿元，实施 316 个配电台区电网升级改造，预脱贫的 47 个贫困村户均配变容量达到 2.2 千瓦。
6.标准化卫生室和村级综合办公服务中心	投资 412 万元，新建村卫生室 16 所，维修村卫生室 37 所，今年预脱贫的 47 个贫困村卫生室全部达标；新建 9 个贫困村村级综合办公中心，并配备相应硬件设备，预脱贫的 47 个贫困村均有标准化综合办公服务中心。

2018 年贫困户脱贫情况

指标	2018 年贫困户脱贫指标完成情况
1.贫困户年人均可支配收入	采取金融扶贫、产业扶贫、结对帮扶等有效措施，预脱贫的 3863 户 13620 人贫困对象人均可支配收入达到 5216 元，超过 3762 元的脱贫标准。
2.安全住房	投入 2952 万元，全面完成了 656 户贫困户危旧房改造，全县 3863 户脱贫对象住房条件达到安全住房标准。
3.义务教育阶段学生无因贫辍学	47 个预脱贫村贫困户家庭子女义务教育阶段无因贫辍学的情况。
4.参加城乡居民基本医疗保险	47 个预脱贫村贫困户基本医疗保险参保率均达到 100%。
5.参加城乡居民基本养老保险	47 个预脱贫村贫困户基本养老保险参保率均达到 100%。
6.有意愿的劳动力（含两后生）参加职业教育或技能培训	逐村逐户开展了贫困群众技能培训意愿调查，调查覆盖率达 100%，完成建档立卡贫困劳动力技能培训 4364 人，培训专业涉及烹饪、"农家乐+创业"、家政服务、挖掘机操作、汽车维修等 12 个培训工种，已实现转移就业 3710 人，就业率达 85%。

2018 年贫困县摘帽指标完成情况

指标	2018 年贫困县摘帽指标完成情况
1.县级农牧民年人均可支配收入	全县农牧民人均可支配收入达到 10693 元。
2.贫困发生率	全县贫困发生率为 0.17%，低于摘帽标准 3%。

续表

指标	2018 年贫困县摘帽指标完成情况
3.九年义务教育巩固率	全县九年义务教育巩固率达到 98.28%，高于摘帽标准 93%。
4.城乡居民基本医疗保险参保率	全县城乡居民基本医疗参保率达到 100%，高于摘帽标准 98%。
5.城乡居民基本养老保险参保率	全县城乡居民基本养老保险参保率达到 100%，高于摘帽标准 95%。
6.贫困村退出率	全县 118 个贫困村全部退出，贫困村退出率达到 100%。

第二节 多管齐下增收入，脱贫攻坚谱新篇

2018 年末，互助县完成地区生产总值 110.7 亿元，增长 8.5%；固定资产投资增长 9.4%，规上工业增加值增长 10.6%，社会消费品零售总额增长 6.5%，实现地方公共财政预算收入 3.3 亿元，增长 3%；城乡居民收入分别突破 3 万元和 1 万元大关，全县经济发展质量和效益持续提高。通过积极地产业发展，互助县粮油综合产量连续 4 年突破 30 万吨，农畜产品加工转化率达 49%，较去年提高两个百分点。新培育规上工业企业两家，总量达 20 家，居全市第二位。特别是青稞酒、金圆水泥等骨干企业增产增效：青稞酒股份有限公司实现销售回款 14.4 亿元，金圆水泥公司利润突破 1 亿元大关，两家公司利税 5.1 亿元。全县接待游客突破 400 万人次，旅游收入突破 20 亿元，首次实现"双突破"。土族故土园通过赋能管理，运营更加规范；东和麻吉、威远镇卓扎滩乡村旅游走在全省前列。第三产业成为拉动经济增长的新引擎，对经济增长的贡献率达 44.8%，三次产业比调整为 19.1：36.1：44.8，产业结构进一步优化。

一、村集体经济新发展，乡村振兴新模式

值得一提的是，互助县投入非贫困村集体经济发展扶持资金7040万元，其中，投资分红涉及18个乡镇172个村；新建商铺涉及1个乡镇4个村。投入村集体经济光伏扶贫项目资金5900万元，实施了57.7兆瓦村级光伏扶贫项目。

（一）投资分红：借力资产收益扶贫，助推精准脱贫步伐

◆◆案例 ···

互助县塘川镇什字村投资分红项目

什字村是一个回族聚居村，位于互助县塘川镇北部，距县城6公里，总面积1.5平方公里。全村有5个村民小组，304户1307人，耕地970亩。曾经，这里的群众"晴天一身土、雨天一脚泥"，村里大多数住房都是土木结构，水路不通，全村没有主导产业，2015年底识别出贫困户69户288人，贫困发生率达到22%。

2016年什字村申请产业扶持资金148.5万元，什字村"两委"通过召开党支部会、村"两委"会和贫困户代表大会，共同商议产业发展项目。在"保投入、低风险、高收益"的原则下，通过对有资金需求的本村互助县永腾牛羊养殖繁育场进行实地调查了解后，确定入股其养殖场进行资产收益。养殖场按入股本金12%进行分红，年分红17.82万元，每人每年增加收入648元。2017年因国家环保政策规定，入股养殖场未达到环评要求暂停经营。为确保贫困户利益不受损失，村"两委"、什字村扶贫工作队及时与贫困户代表商议，申请变更了什字村产业发展项目，将148.5万

元产业扶持资金入股北山景区旅游开发投资有限公司，每年按照10%分红14.85万元。

（二）新建商铺：吆喝之声此起彼伏，惠民落实千家万户

2015年之后，拓宽贫困地区增收渠道成为降低产业发展风险的重要路径。通过多部门协调支持，投资多产业投资，形成了村级产业多元格局。例如，互助县松多藏族乡花园村、前隆村在实施易地搬迁后，结合村情实际，通过市场调研，在充分征求贫困户意愿的基础上，制定了两村《产业项目实施方案》，通过资产受益，利用财政专项扶贫资金265.68万元，在县城易地搬迁安置区修建商铺出租分红项目，共修建商铺1328.4平方米。

村民到搬迁新村超市购物

新建商铺

（三）光伏扶贫：授人以渔，提高内驱

2020 年 3 月 6 日，在决战决胜脱贫攻坚座谈上，习近平总书记充分肯定了能源扶贫取得的成效。"授人以鱼"不如"授人以渔"。能源扶贫除了为贫困地区经济社会发展提供重要的能源保障，还具有以项目带产业的辐射功能，真正提升地方摆脱贫困的自我"造血"能力与内驱动力。光伏扶贫，是我国发展产业扶贫、资产收益扶贫的崭新尝试。

光伏扶贫产业是互助县六大扶贫主导产业之一，全县各类光伏电站装机总容量达 169.7 兆瓦，其中光伏扶贫电站装机总容量为 79.7 兆瓦。全县各类光伏项目通过收益分红、流转土地、吸纳贫困户就业等方式，带动 118 个贫困村 7662 户贫困户年户均增收 2979 元，既有效增加了村集体经济收益，也为贫困群众持续稳定增收拓宽了渠道。

光伏扶贫产业

◆ ◆ 案例 ···

57.7 兆瓦村级光伏扶贫项目

项目投入财政专项扶贫资金 3.9 亿元，分红崖子沟（23.7 兆瓦）和塘川镇（34 兆瓦）2 个片区建设，总占地面积 1595.9 亩，于 2019 年 6 月建成并网，建成后由互助县光伏扶贫项目投资管理有限公司管理。项目净收益的 60% 用于贫困村集体经济发展，40% 用于扶持贫困人口增收，惠及全县 118 个贫困村 7662 户贫困户。截至目前，电站累计发电 8175 万度，向各贫困村分配收益资金 5078.2 万元。其中，到户收益以农村公益性岗位"千人计划"补助的方式兑现，为 1136 名贫困群众发放农村公益性岗位补贴 172.7 万元，人均增收 1625.8 元。

民营企业光伏项目

中节能 20 兆瓦、中利腾晖 30 兆瓦、互助昊阳 40 兆瓦集中式光伏发电项目共流转荒山荒坡面积 3440 亩，每年向群众支付土地流转金 198 万元，带动 1564 户（贫困户约 740 户）群众户均增收 2500 元以上，个别贫困户综合收益达到 4200 元以上。

20 兆瓦村级光伏扶贫试点项目

项目由青海凯峰农业科技发展有限公司投资 1.8 亿元建设，地点在互助县塘川镇蔬菜园区。项目收益资金以农村公益性岗位"千人计划"补助的方式兑现，为 667 户贫困户年分红 3000 元，受益期限为 20 年。

光伏扶贫是实施精准扶贫、精准脱贫的一项重要举措，是推进产业扶贫的一项有限措施，是一项造福贫困地区、贫困群众的民生工程。光伏扶贫实施以来，在国家能源局等多个部门的支持与资金保障下，在能源电力企业的实践探索与模式创新下，已呈现出试点实施科学化、扶贫对象精准化、运营维护长效化、扶贫效益最大化等特点，取得了稳定带动群众增收脱贫、有效保护生态环境、积极推动能源领域供给侧改革等"一举多得"的效果，成为精准扶贫的有效手段和产业扶贫的重要方式。

（四）积分考评好抓手，党建引领强动力

◆◆案例

哈拉直沟乡积分考评制度

自 2019 年以来，哈拉直沟乡党委坚持党建引领、支部发力、党员示范、群众参与、多面发力的主线，依托村集体经济产业项目，在魏家堡村试行积分管理新机制，优化融入党员群众管理，以户为主、成员积分，从社会稳定、诚信守法、勤劳致富、乡风文明、生态宜居等 10 个方面对党员群众的日常行为和综合表现进行量化考核。积分排名与享受村集体奖励分红、优先获取就业岗位、享受惠民政策、表彰奖励等挂钩，全方位调动党员群众的主观能动性。

通过半年的摸索实践，成效显著。尤其在打造魏家堡村人居环境整治样板村时，全村上下出现党群积极投工投劳、无偿让地拆墙的新风尚，社会风气向上向好转变。积分管理新机制已成为探索乡村治理的新路径，助力乡村振兴的重要抓手。

2020 年 1 月 9 日，为进一步激发村民干事创业、勤劳致富热情，鼓励先进、鞭策后进，魏家堡举行奖励分红大会，互助县人民政府副县长王光华出席大会并讲话。村集体经济企业根据积分管理考评办法，额外出资对积分高的村民进行奖励分红。此次分红共分红 425 户，分红总额达 18000 元，农户最高奖励分红达 440 元。由于魏家堡村集体经济正处于起步探索阶段，分红金额虽然不大，但"企业＋合作社＋农户"模式取得了初步成效。现场村集体经济企业法人还与用工人员签订了劳务用工合同。

哈拉直沟乡魏家堡村村集体经济现场分红大会

哈拉直沟乡魏家堡村村集体经济现场分红大会

县长王光华希望大家记住今天这个值得纪念的日子，珍惜现在的生活，鼓励村民抓住机遇，积极发展产业，带头勤劳致富，自觉遵守村规民约，一如既往关心与支持村级工作。

此后，互助县哈拉直沟乡乡党委政府将继续以积分考评为抓手，进一步增强党组织引领力，突出群众生产主体，以"党建＋新媒体"推动人居环境改善、移风易俗等各项重点工作，发展农村实体经济，增加群众集体收入，共同维护政府、社会、群众共建、共享、共治的长效机制，凝聚乡村振兴、生态宜居全民携手共建新动力。

二、"土族盘绣"促增收，"匠心温度"助脱贫

互助县位于青海省东北部，这里地处祁连山东南麓，为黄土高原与青藏高原交错衔接地带。土族独具特色的刺绣艺术盘绣就产生在这

盘绣园

一地区。

　　土族盘绣艺术主要流传在甘肃互助县东沟、东山、五十、松多、丹麻等乡镇。在青海省都兰县发掘的土族先祖吐谷浑墓葬中，就出土有类似盘绣的绣品。由此可知，4世纪左右，盘绣工艺已经出现。盘绣用料考究，加工精细，以黑色纯棉布做底料，再选面料贴上。盘绣是丝线绣，有红、黄、绿、蓝、桂红、紫、白等7色绣线，绣时一般7色俱全，配色协调，鲜艳夺目。盘绣的针法十分独特，操针时同时配两根色彩相同的线，一作盘线，一作缝线。盘绣不用棚架，直接用双手操作，绣者左手拿布料，右手拿针，作盘线的那根线挂在右胸，作缝线的那根线穿在针眼上。上针盘，下针缝，一针二线，虽费工费料，但成品厚实华丽，经久耐用。盘绣的图案构思巧妙，具有浓郁的民族风格，包括法轮（土语称为"扩日洛"）、太极图、五瓣梅、神仙魁子、云纹、菱形、雀儿头、富贵不断头、人物、佛像等几十种样式。1000多年来，盘绣以母女相传为主，亦在

盘绣基地

盘绣作品

姊妹、妯娌、婆媳间传承。现代主要传承人有麻宝青、牛玛索等。
盘绣有着千年历史的土族盘绣一直传承至今，其文化与艺术的价值
不可低估。土族盘绣色彩缤纷，图案逼真，在形、色、质、意等方
面体现出本民族的审美态度和价值判断，为民族学、美学等的研究

正在秀盘绣的绣娘

提供了鲜活的材料。

按照"公司＋基地＋绣娘"的发展模式，金盘绣土族文化传播有限公司在威远镇、丹麻镇、五十镇、东沟乡、松多乡等乡镇创建基地、发展绣户，带动贫困妇女增收，成为我县脱贫攻坚中的一枝新秀。例如，该公司投资并修建班彦村盘绣园，同时县文体旅游局出资240万元，班彦村每年向该公司收取3万元费用。在这样的模式运作下，国家非物质文化遗产得到传承，绣娘可以凭借此收益获得收入，为脱贫攻坚路绣上绚丽的一笔。

三、耕地"坡改梯"，利国又惠民

2016年以来，互助县自然资源局先后实施了林川乡马家等4个村、台子乡上台4村和丹麻镇补家2村、五十镇班彦等4村等3个

坡改梯实施前耕地状况

坡改梯实施后耕地状况

坡改梯基本农田整理项目，总计建设规模 2411.31 公顷，总投资 3765.58 万元。项目区的陡坡地平整为水平梯田，使原来跑水、跑土、跑肥的"三跑田"变成保水、保土、保肥的"三保田"。整理后的土地相对平坦，机械耕作水平和道路通达度快速提高，防洪防涝抗旱能力进一步提升，极大地改善了农业生产条件，为促进农业增效、农民增收和发展现代农业经济、实现规模化生产、产业化经营奠定了坚实的基础。

第三节　增强基础设施建设，提升公共服务水平

在脱贫攻坚战中，互助县投入了大量人力物力财力解决基础设施建设与公共服务问题。基础设施建设除了最基础的水、电、路、活动广场等，还包括如人居安全工程、增电增容改造、村道硬化、教育卫生文化公共服务设施、危旧房改造、污水管网、天然气入户等一系列

的工程。互助县在硬件设施上的累计投入建设情况如下表。

互助县硬件设施投入建设情况

	投资	建设成效
安全饮水方面	累计投资 1.94 亿元	实施了 11 项饮水安全巩固提升和 14 个易地搬迁新村的安全饮水工程，全县群众安全饮水保障率达到 100%。
道路交通方面	累计投资 3.28 亿元	实施村道硬化、桥涵等项目 165 项，建设里程 1015 公里，全县行政村道路通畅率达到 100%。
电力保障方面	累计投资 6.1 亿元	新增或改造 140 个行政村的 1009 台变压器，全县电力保障率达到 100%。
村级活动阵地建设方面	累计投资 1400 万元	新建或维修村级综合办公服务中心 138 所，实现了所有行政村均有标准化办公服务中心的目标。
美丽乡村建设方面	累计投资 4.8 亿元	在全县 131 个行政村实施高原美丽乡村建设项目，其中贫困村 83 个，实现全县所有贫困村美丽乡村建设项目全覆盖。
网络通信方面	累计投资 4000 万元	实施电信普遍服务、宽带网络普及等项目，惠及全县 19 个乡镇 175 个村，全县所有行政村通信网络实现全覆盖。

班彦新村道路

台子乡哇麻村文化广场

吐谷浑文化广场

高原美丽乡村建设

　　2020 年 6 月 16 日，由中国妇女发展基金会、康师傅饮品投资（中国）有限公司援建的"母亲水窖 集中供水"农村饮水安全工程开工仪式在互助县巴扎乡甘冲沟村举行。该项目资金共计 71 万元，工程涉及抓什究、元甫、柏木峡、甘冲沟村 4 个行政村，工程建成后可解决 97 户 342 人、1300 余头（只）大小牲畜饮水困难问题

　　同时，围绕"两不愁、三保障"目标，针对"上学难"问题，互助县实施了"雨露计划"。至 2018 年，全面落实贫困家庭学生 15 年免费教育和贫困大学生资助政策，累计发放财政补助 4540.54 万元、贫困大学生"雨露计划"补助资金 4109.3 万元，惠及 8567 人，有效减轻了贫困学生家庭负担。

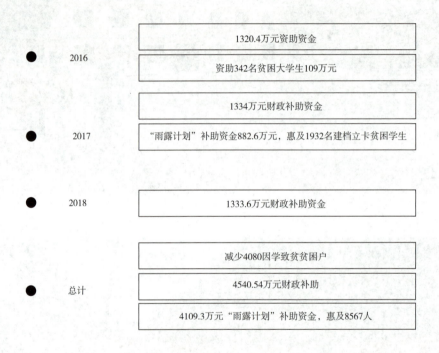

互助县发展教育脱贫情况

　　此外，针对"看病难"问题，互助县深入推进了全国县级公立医院综合改革示范县工作，健全完善现代医院管理制度。落实分级诊疗制度，县人民医院和县中医院两所县级医院与 21 个乡镇卫生院组建紧密型医共体，构建了以县级医院专科医师为指导、乡镇卫生院全科医师为主、乡村医生参与的家庭医生签约服务体系。医疗卫生方面，投资 8700 万元维修改造乡镇卫生院 4 所、新建或维修村卫生室 116 所，农村综合医疗服务能力得到显著提升。群众看病实现了"小病不出乡、大病不出县"，缓解了"看病难"问题。针对"看病贵"问题，全面落实"三个一批"行动方案，大病集中治疗、慢病签约服务和重病兜底保障实现了全覆盖。县乡村三级医疗机构药品全部实行零差率销售，通过"统筹基本医保、大病保险、医疗救助、健康商业保险、临时救助"等 5 项综合性措施，累计为 20619 人次贫困人口报销医药费用 5737.11 万元，为 36357 人次发放临时救助金 6032.7 万元，切实减轻了贫困群众医疗负担。

互助县开展医保救助情况

	报销医疗救助费用		发放临时救助金	
2016 年	7465 人	1330.58 万元	3757 人	1893.42 万元
2017 年	8146 人	1328.7 万元	3883 人	1611.5 万元
2018 年	5008 人	2447.72 万元	28717 人	2527.78 万元
合计	20619 人	5737.11 万元	36357 人	6032.7 万元

刘李山村卫生室

松多藏族花园村、前隆村卫生室

国家扶贫日开展义诊活动

第四节 改造人居环境，建设美丽乡村

按照县委、县政府工作部署，依托乡村振兴战略思想，按照"产业兴旺、生态宜居、乡风文明、治理有效、生活富裕"的总体要求，互助县认真开展了全县农村环境综合整治和高原美丽乡村建设等重点工作。

（1）环境综合整治工作。2018 年，我县围绕"一年改变面貌见成效，两年健全机制抓长效，三年提挡升级显特色"的工作目标和"先净后美、巩固提升、常抓严管、亮出品牌"的工作思路，聚焦"提挡升级"目标，结合全县农村人居环境三年整治行动，投入 1560 万元，在确保全县 163 个日常管理村建立长效机制的基础上，将全县剩余 103 个村行政村全部纳入整治范围，实现了全县村庄整治全覆盖。同时，积极打造东和乡麻吉村等 10 个县级样板村，并全面实施全县118 个贫困村环境综合整治基础设施建设项目。整治工作开展以来，结合全县城乡环境综合整治百日行动、主要公路沿线环境综合整治工作，对全县所有村庄进行了环境综合整治；配合县委、县政府，召开工作安排会 1 次、现场观摩推进会 2 次；为 103 个新增村配备保洁员387 名，并为他们配备了保洁工具和保洁服装；严格落实保洁队伍管理和运行制度，确保全县 266 个村 1022 名保洁员正常、有序开展工作；配合县委、县政府督查室对整治村进行每月督查及每季度考核，及时就督查情况进行通报。绿化工作全面完成，已清理柴草、建材、建筑设备等乱堆乱放 5600 多处，已拆除破旧棚圈、厕所及残墙断壁620 多处，拆除私搭乱建 220 多处，处理垃圾堆放点 380 多处，并对小广告乱贴、车辆乱停、摊点乱摆等现象进行了有效整治，蔡家堡乡刘李山村等 4 个县级样板村顺利实现挂牌。各乡镇农村环境综合整治工作有序开展，通过保洁队伍健康运行、生活垃圾有效处理、整治氛围不断营造、督导检查常态开展、长效制度逐步建立，农村群众主动性和参与性不断提高，村庄人居环境得到明显改善。

（2）高原美丽乡村建设工作。2018 年，全县紧扣省市关于高原美丽乡村建设相关安排，结合全县工作部署，围绕农村住房建设、基础设施建设和公共服务设施配套建设、村庄环境整治等重点，加大和各乡镇与共建单位的衔接力度，投资 1.34 亿元（其中省财政资金 2080 万元，县财政资金 800 万元，争取共建单位帮扶资金 500 万元，整合项目资金 3500 万元、群众自筹 6500 万元），以保障农民基本生活条件为底线，以村庄环境整治为重点，以提升农村生活品质为目标，以村庄规划为引领，高标准实施了 35 个（其中省级示范村 16 个）高原美丽乡村建设项目，新建村级综合服务中心 15 座、群众文化活动场所 35 处，并通过项目整合，实施了村道硬化、村庄绿化、农村危旧房改造、太阳能路灯安装、村庄环境整治等项目，夯实建设村水、电、路、气、通信、污水和垃圾处理等基础设施基础，惠及

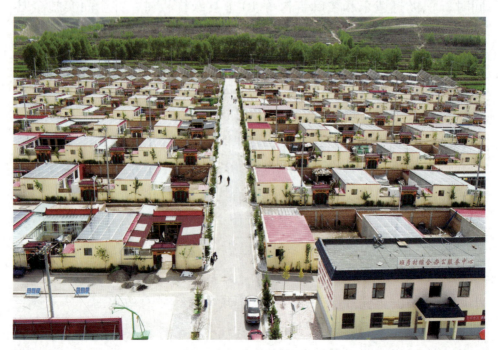

班彦新村环境

班彦新村街道

9803 户 38560 人，全力推动"物的新农村"和"人的新农村"建设齐头并进。对全县 35 个美丽乡村村庄规划继续修编，并顺利实施建设，其中，16 个省级示范村的村级服务中心和群众活动广场完成建设任务；19 个县级建设村按照"缺啥补啥"的原则，通过整合"一事一议"项目资金，村级服务中心和群众活动广场已完成建设任务；改造危旧房 350 户；安装路灯 350 盏；安装健身器材 35 套；修建村庄公共厕所 35 个；建设村绿化工作全面完成，并对各建设村大力实施以清理垃圾、淤泥、路障，改造水、路、厨、厕、圈，治理柴草乱垛、棚圈乱搭、粪土乱堆、污水乱泼、垃圾乱倒和畜禽乱跑的"三清、五改、治六乱"为重点的村庄环境整治，为实现美丽乡村建设打好了环境基础。

　　五峰镇纳家村新时代文化广场（新时代文明实践站）项目，由纳家村结对帮扶单位青海省自然资源厅、青海省核工业地质局出资 44 万元援助建设。该项目的投入使用，彻底改变纳家村"大路槽"脏乱面貌，为培育"绿色纳家"特色文化村镇发挥了重要作用，现已成为宣传社会主义核心价值观，推助移风易俗落地见效的主阵地

五十镇桑士哥村清理广告

五峰镇新庄村巷道大扫除

丹麻镇桦林村清理枯萎树木

东沟乡绿化补植补栽

东和乡七塔尔村清理乱堆乱放

东和乡麻吉村清理乱堆乱放

威远镇红崖村清理杂草

威远镇班家湾村彩虹大道清理沟渠

2017 年为贫困村配发文化进村入户工程器材

第 5 章

同心聚力齐奋进
群星璀璨耀土乡

精准扶贫政策实施以来，无数土乡儿女不甘落后、奋勇争先，造就了辉煌丰硕的发展成果。互助县不仅在易地扶贫搬迁、集体经济和移风易俗方面成就斐然，而且涌现出一大批先进脱贫户、勇于担当的扶贫干部以及模范脱贫村。他们宛若璀璨夺目的群星照耀着这片高山净土，并在推动土乡迈向乡村振兴的过程中持续闪熠耀眼光芒。放眼望去，如今的互助已经发生了翻天覆地的变化，牛羊成群、沃野百里，鸟儿声声、撩拨心扉，酒香阵阵、惹人心醉，土族歌谣、悠扬深远，演绎出一幅幅幸福生活的美丽画卷。

第一节　易地搬迁解民忧，土乡筑就小康梦

高原村寨如何脱贫？受自然条件制约，互助县在 2015 年底尚有共计 1540 户 5308 名贫困群众生活在干旱山区及偏远脑山地区，面临着"一方水土养不起一方人"的生存困境。脱贫攻坚战的号角吹响后，互助县也开始在中国书写的人类反贫困斗争史上"最伟大的故事"中添上了激动人心的精彩一笔，率先踏上了脱贫致富奔小康之路。挪穷窝，成为换穷貌、改穷业、拔穷根的关键一步。

五十镇班彦旧村原貌

松多乡花园村旧村原貌

搬迁后的松德村、班彦新村

一、挪穷窝，拔穷根

对于生存环境艰难的困难群众，互助县县委、县政府抓住国家实施易地扶贫搬迁政策契机，在群众自愿的前提下，累计投资 4 亿元，对五十镇班彦村、林川乡作干村、丹麻镇锦州村、哈拉直沟乡里外台村等 8 个乡镇的 16 个村实施了易地扶贫搬迁项目，共搬迁群众 1540 户 5308 人，其中建档立卡贫困户 652 户 2344 人，占总户数的 42%，占贫困人口总数的 5.4%。

困难群众离开了偏僻、贫穷的山区，搬进了公共设施配套齐全、环境优美的新家园，开始了住新家、创新业、奔小康的幸福生活。走进各个易地扶贫搬迁安置点，宽敞的巷道绿树成荫，一排排新居错落有致，处处呈现出一派和谐幸福、安居乐业、积极向上的新气象。

二、创新工作机制，推进易地搬迁

2016 年以来，互助县委、县政府按照"易地扶贫搬迁脱贫一批"要求，坚持"政府引导，群众自愿，政策协调，讲求实效"的原则，探索建立"54321"易地扶贫搬迁工作机制。即"五个做主"——"搬迁意愿群众做主，建房户型选择群众做主，建筑材料选择群众做主，工程质量监督群众做主，产业选择群众作主"；"四个到位"——坚持"谋划到位、协调到位、监督到位、理财到位"，确保易地扶贫搬迁项目顺利实施；"三个小组"——成立了县、乡、村三级工作领导小组，分工负责，各负其责，形成了县上牵头抓总、部门紧密配合、乡村具体落实的组织体系和工作运行机制；"两个作用"——充分发挥乡镇人民政府的引导作用和群众的自主能动作用；"一个目标"——保证搬迁户"搬得出、稳得住、有产业、能致富"搬迁目标。互助县对"一方水土养不起一方人"的 8 个乡镇 16 个村建档立卡贫困人口实施易地扶贫搬迁工程，凝心聚力"拔穷根"。易地扶贫搬迁不是由政府大包大揽，而是群众全程参与，最终实现干群上下联动、群众监督到位、工程质量群众满意。

三、灵活安置搬迁户，开启幸福新生活

易地扶贫搬迁是实施精准扶贫、精准脱贫的有力抓手。互助县从搬迁群众的自身条件出发，因地制宜地确定安置方式，灵活采用整村搬迁集中安置、整村搬迁分散安置、零散搬迁集中安置以及零散搬迁分散安置等方式。其中，适宜集中居住的，可选择交通便利、水、电、路等基础设施方便的地方进行安置。适宜分散安置的，采取插花安置和自主安置。

2016—2018 年互助县易地扶贫搬迁项目基本情况一览表

序号	安置点名称	安置点所属乡镇	安置方式	实施年度	搬迁规模			
					总户数	总人数	贫困户	贫困人口
1	互助县林川乡作干、大河欠村易地扶贫搬迁项	林川乡昝扎村	集中安置	2016	140	508	84	292
2	互助县哈拉直沟乡里外台村易地扶贫搬迁项目	哈拉直沟乡毛荷堡村	集中安置	2016	78	268	48	164
3	互助县丹麻镇锦州村易地扶贫搬迁项目	丹麻镇锦州本村	集中安置	2016	120	456	99	375
	2016 年小计：3 个安置点	3 个乡镇 4 个村			338	1232	231	831
4	互助县松多乡花园村易地扶贫搬迁项目	威远镇威北路	集中安置	2017	196	687	95	319
5	互助县丹麻镇松德村易地扶贫搬迁项目	丹麻镇松德本村	集中安置	2017	53	197	40	160
6	互助县丹麻镇温家村易地扶贫搬迁项目	丹麻镇温家本村	集中安置	2017	74	298	68	286
7	互助县蔡家堡乡上刘家村易地扶贫搬迁项目	塘川镇水湾村	集中安置	2017	201	578	54	177
8	互助县蔡家堡乡泉湾村易地扶贫搬迁项目	塘川镇上山城村	集中安置	2017	65	175	17	57
9	互助县五峰镇后头沟村易地扶贫搬迁项目	五峰镇下马二村	集中安置	2017	82	345	26	103

续表

序号	安置点名称	安置点所属乡镇	安置方式	实施年度	搬迁规模			
					总户数	总人数	贫困户	贫困人口
10	互助县松多乡前隆村易地扶贫搬迁项目	威远镇威北路	集中安置	2017	91	292	54	183
	2017 年小计：7 个安置点	4 个乡镇 7 个村			762	2572	354	1285
11	互助县蔡家堡乡后湾村易地扶贫搬迁项目	塘川镇雷家堡村	集中安置	2018	248	737	49	166
12	互助县蔡家堡乡延崖村易地扶贫搬迁项目	塘川镇包家口村	集中安置	2018	34	122	1	4
13	互助县五十镇土观村易地扶贫搬迁项目	五十镇土观村	集中安置	2018	29	127	3	13
14	互助县红崖子沟乡小红沟村易地扶贫搬迁项目	本村自主分散安置	分散安置	2018	3	6	3	6
15	互助县五峰镇海子村易地扶贫搬迁项目	五峰镇下一村	集中安置	2018	126	512	11	39
	2018 年小计：4 个安置点	4 个乡镇 5 个村			550	1504	67	228
	2016—2018 年合计：14 个安置点	8 个乡镇 16 个村			1540	5308	652	2344

2017 年 11 月 29 日，花园村搬迁户在现场领到了"金钥匙"

新花园村楼房

◆◆案例 ·······································

从山上到城里的"花园村"

松多乡花园村、前隆村是一个被群山环抱的贫困村，村民们祖祖辈辈深居在脑山。从松多乡政府到村庄18公里的路程中，放眼望去是连绵不断的群山。由于恶劣的自然环境和偏远的地域位置，长期以来，村民们都过着靠天吃饭的生活，"一方水土养活不了一方人"是村庄的真实写照。

依靠国家精准扶贫的好政策，花园、前隆村成为互助县首批县城集中安置方式的村落。287户贫困群众通过抓阄方式喜得县城新房。在村民魏万林看来，易地搬迁让他和家人的生活有了翻天覆地的变化。搬进了位于县城的安置小区，住上了新房，他们就过上城里人的生活。

走进花园、前隆易地扶贫搬迁安置区，红青相间的楼房规划有序。乡亲们不仅走出了大山，还住上了楼房。小区交通方便，饮水、电力供应充足，生活环境发生巨变，"农民"变"居民"、山上变城市。

第二节　产业拓宽致富路，脱贫攻坚底气足

互助县按照精准扶贫的总体要求，结合资源禀赋、产业优势、发展基础，坚持扶贫到村到户与连片开发、规模发展相结合，一方面，紧紧围绕"三园"引领"三县"发展思路，提升县域经济发展水平；另一方面，坚持发展壮大集体经济，以实现村集体和贫困户增收的双重目标。

土族故土园——互助旅游新名片

互助拥有丰富的旅游资源，是建设中的高原旅游名县。县域内丰富的人文景观、生态景观和田园风光融合荟萃，宗教文化、民俗文化和青稞酒文化多姿多彩，具有开发前景的旅游资源遍布全县，成功创建了全省第三个国家 5A 级旅游景区——土族故土园。

目前，景区已包含极具特色的土族民族文化，发育完好的高原生态系统，历史悠久的宗教文化和青稞酒文化，是集游览观光、休闲度假、体验民俗、宗教朝觐为一体的综合性旅游景区。景区有五大核心旅游景点：天佑德——中国青稞酒之源、彩虹部落土族园、纳顿庄园、西部土族民俗文化村、小庄土族民俗村。

其中，彩虹部落土族园是互助土族故土园国家级 3A 景区核心景点之一，坐落在青海省互助土族自治县威远镇西南部，占地面积 180 亩，建筑面积 13000 平方米，全部以青砖青瓦，生土土

土族故土园核心景点

彩虹部落土族园庄廓院土族安召舞表演

坯，砖雕木刻等形式建造。

彩虹部落土族园是一座大型土族文化的传承基地，主要文化项目有百年老油坊、世义德酒坊、马术俱乐部、射箭场、宗教院、安召广场、土司府、庄廓院、生产生活展示馆、服饰展示馆、土族祭坛、宗教展馆、非物质文化遗产传承中心、彩虹门、土族大牌坊、十八坊商业街及吐谷浑大营（土族餐饮文化展示厅）。馆藏文物3050件，其中民俗类1570件，文物1480件，集中展示了土族历史、民俗文化、非物质文化遗产、民族建筑风格和土族生产生活的各个部分。

为了使土族非物质文化遗产更好地传承，彩虹部落土族园邀请了"土族婚礼"传承人董思明和"土族安召舞"传承人席玉秀到园区内进行指导。为将土族文化原原本本地展示给世界，2016年彩虹部落土族园组建了彩虹艺术团，搜集、整理、编排了土族婚礼舞、安召舞等民族文艺。在此基础上，排演了大型历史歌舞《彩虹部落》，并每晚在青稞酒文化广场演出，为广大群众提供了丰富的精神食粮。

一、塑造县域名牌产业，引领县域经济发展

互助县坚持"三园"引领"三县"的产业发展政策，致力于构建特色鲜明的现代产业体系，同时为贫困群众持续发展和务工就业提供了更多选择。

二、集体经济突破"零"，村户实现双增收

村级集体经济是脱贫攻坚的重要组成部分，对贫困村脱贫、贫困户脱贫发挥着至关重要的作用。2016年以前，互助县大多数村庄没

有集体经济。2016 年以来，互助县聚焦村集体经济破"零"发展与脱贫攻坚及乡村振兴深度融合，探索多元化集体经济发展方式。

仅在 2018 年，全县 294 个村就全面实现了村集体经济破"零"的目标。针对 118 个贫困村，按照每村 50 万元的标准投入建设 57.7 兆瓦光伏项目，并以每村不低于 3 万元的标准落实首期分红；针对 172 个非贫困村，按每村 40 万元的标准定向投入北山旅游投资开发公司和绿色产业园安定投资开发公司，实现每村 4 万元的首期分红。其余村落还通过发展生态民俗旅游、劳务承接、仓储租赁、特色农产品等实体经济，实现村集体和群众"双增收"。

◆ ◆ 案例 ··

为村民服务的如匠建筑劳务服务有限公司

孙家村位于哈拉直沟乡南部，全村 248 户 969 人，人均不足 1 亩地，村里的劳动力大多外出"站大脚"。2018 年 3 月，青海省住房和城乡建设厅工程造价管理总站选派的第一书记王章军驻孙家村后，经过挨家挨户走访，扶贫工作队发现，"站大脚"的村民干活时多少都遭遇过拖欠工资等维权难题，大家都渴望能解决这些问题。

王章军根据村民们的意愿，结合自己的工作背景，向村"两委"提出了成立村集体经济性质的建筑劳务公司的想法，双方一拍即合。村党支部书记孙政奎说："村里若成立劳务公司，我们能给村民联系正规的工程单位，给他们提供可靠的人身安全和工资保障，公司就是他们的靠山。"

于是，2018 年春耕后，村"两委"就此议题召开了全体村民大会。当时，仅有 10 位村民参加了公司的股东预备会，其中 5 人出资成为公司的股东。2018 年 6 月，孙家村青海如匠建筑劳务服务有限公司正式成立，由村主任孙永平任董事长，致富带头人孙发任总经理，70多名劳动力加入了公司，村民自愿出资认筹确定自然人股东身份。

2019年，"如匠"公司实现劳务收入130万元，累计完成劳务产值近300万元。劳务公司的成立，直接带动了村里50余名富余劳动力在建筑工地务工，给村民们搭建了一个长远的发展平台。

第三节　移风易俗入人心，乡风文明促振兴

村民生活水平提高的同时，高额彩礼、厚葬薄养、大操大办、盲目攀比等歪风邪气在农村愈演愈烈，给群众造成了很大的经济负担。互助县各级各部门把移风易俗与精准扶贫以及"精神脱贫"破除陈规陋习试点工作结合，深入开展乡风文明建设工作。

一、移风易俗，试点先行

互助县确定哈拉直沟乡为移风易俗县级试点乡镇，白崖村等7个村为县级试点村。通过试点先行，推广经验做法，整体推进移风易俗。试点乡镇哈拉直沟乡在高考升学宴即将开始的关键时期，召开了推进移风易俗动员会，成立了推动移风易俗工作领导小组，制发了实施方案，明确了婚丧喜事办事程序，出台了红白喜事参考标准16条，并指导各村成立新风行动监督委员会、红白理事会和道德评议会。同时，挨家逐户发放《致村民的一封信》《移风易俗倡议书》，与全乡党员、村干部签订了《移风易俗承诺书》，要求广大党员干部发挥先锋模范作用，引导群众自觉抵制陈规陋习。

哈拉直沟乡移风易俗意见建议征求会

◆ ◆ 案例 ....

有了"面子"，更有"里子"

如果说村民热闹喜庆办事是赚足"面子"，那么村民经济负担减轻、人情消费降低、干群关系和谐、乡风更加文明则是"里子"。

哈拉直沟乡新庄村的尚国菊今年结婚，原本娘家人计划要彩礼 10 万元，娶亲车辆五六辆，酒席在县城办。这可把尚国菊的未婚夫难住了。按照这些要求，一个婚结下来，他至少要借十几万元。刚好移风易俗新风行动的政策下来了，两家商量后，把礼钱降下来了。最后，彩礼要了 4 万 8 千元，豪车也没雇，找上了二三辆家里的车，酒席商量着在家里办了。"两家人开开心心办了婚事，我们小两口没有负债，还存了点积蓄，我

互助县"精神脱贫"暨移风易俗推进会在哈拉直沟乡白崖村开展

中组部相关领导在哈拉直沟乡白崖村查阅移风易俗档案资料

想着明年开春可以再盖几间房，搞点养殖在家门口赚钱。"尚国菊说。

在红白喜事简办渐成风尚的同时，越来越多的群众更注重将孝道尽在平时，崇尚"厚养薄葬"。白崖村村民殷生秀说，以前比的是谁排场大，现在都比着看谁孝敬老人。还有一些村民表示，村里兄弟姑娌之间，现在已没有因为巨额丧葬费用分担而闹矛盾的现象，关系更加和谐了；因婚致贫、因婚返贫的家庭也没有了。

从"大操大办红白喜事、比阔气、讲排场"歪风盛行，到"自觉简办、乡风文明、邻里和谐"，现在不仅有了"面子"，也有了"里子"。

用曲艺宣传移风易俗

二、勤劳致富，脱贫光荣

脱贫攻坚是一项系统工程，其中最为可贵的是战胜贫困的自主脱贫意识。扶贫必先扶志，摆脱贫困，关键在于贫困者走出贫困的决心和意志。嘉奖勤劳致富的光荣脱贫典型，用榜样的力量激发脱贫的斗志，能让更多贫困户受到鼓舞和激励，激发群众的参与意识，唤醒贫困户斩断穷根的志气，加快脱贫步伐。

互助县于 2020 年 10 月 16 日开展了以"决战决胜脱贫攻坚，全面建成小康社会"为主题的宣传活动，对 2019 年在脱贫攻坚中涌现出的 172 户脱贫光荣户进行了表彰奖励，广泛宣传主动脱贫、奋力脱贫、成功脱贫的典型代表。同时，利用"新时代农民讲习所"等平台邀请脱贫典型、致富能手、道德模范等先进人士开展宣讲活动。

2019 年脱贫光荣户奖励项目

东和乡柳树沟村新时代农民讲习所牌子

◆◆案例 ··

养殖圆了脱贫梦

在加克村，闫录邦是有名的贫困户。他上有两位年迈的老人，下有年幼的两个孩子。老人看病吃药，孩子上学等生活压力很大。闫录邦在很长时间里主要是依靠出门打工、干小工、到牧区挖虫草等谋生，虽然能挣点钱，但更多时候入不敷出。

2016年实施精准扶贫后，他家被评为建档立卡贫困户。他从新闻、工作队和乡村干部等处了解到这次扶贫力度很大，想抓住政策机遇、好好干一番事业。

2017年初，他从兰州购买来二元母猪10头，种猪1头，开始了他的养殖致富路。他注册了"互助县克梅家庭牧场"，修建了300平方米标准化养殖场、锅炉房、粉料设备等，共投入资金25万余元。

闫录邦家的克梅家庭牧场

　　虽然借了这么多钱，压力大，但他坚信通过和妻子的共同努力，会得到丰厚的回报。2017年底，凭借养殖收益，他家和全村贫困户一起实现了脱贫。虽然是刚刚摸索养猪，但他坚持看书、请教他人，年底出栏肥猪140头，挣了30多万元，购买了一部20多万元的越野车。全家人过上了舒心的日子。

　　2019年，克梅家庭牧场又扩建了240平方米的猪舍，配套化粪池、堆粪场等附属设施。这样一来，一个设施齐全的养殖场在精准扶贫的5年内建成。闫录邦同志在党的精准扶贫政策的鼓励下，在党扶贫工作队的支持帮助下，实现脱贫致富。2019年他被红崖子沟乡党委政府授予"脱贫光荣户"，予以表彰奖励。

◆◆案例 ....

新型职业农民诞生记

孙秀是互助县哈拉直沟乡孙家村的建档立卡贫困户，常年靠"站大脚"、出苦力或者为雇主打零工谋生。2005 年与 2010 年孙秀家先后生育了两个儿子。妻子因照顾年幼的儿子暂时不能到外打工，生活的重担全部压在孙秀一个人身上。原来住的瓦房也显得灰暗狭小不够使用。2012 年，全家人勒紧裤腰带，四处借债，在亲戚朋友的帮助下盖上一层半楼房。因资金紧张，二层只能停下，一家人就只能生活在没有装修、裸露着红砖的一层平房中。

扶贫先扶智。针对孙秀两口子缺少谋生技能的实际情况，驻村干部帮扶孙秀参加了"新型职业农民"种植养殖培训班，并获得了结业证书和优秀学员荣誉证书。技多不压身！后来，孙秀先后报名参加了挖掘机培训、砌筑培训及青海省贫困青年技能培训班。在他的影响鼓励下，其妻子相继参加了烹饪培训与种植养殖培训班，掌握了养猪技术，具备了家庭养殖技能。

技术资金双扶贫。学到技术的孙秀，在扶贫资金与"530"贷款等扶贫惠农政策的帮助下，首先搞起了家庭养殖业。自从认准了这个致富路子，孙秀一家起早贪黑地忙碌着。好在辛苦没有白费。2017 年，孙秀养殖生猪的头一年，就出栏 17 头生猪，仅养猪一项收入就有 9350 元，到年底已经达到脱贫标准。通过自己的努力，孙秀的生活条件慢慢变好，同时他也越发明白，只有靠自己的努力才能长久的致富。

2018 年，孙秀被先后推选为孙家村优秀养殖户与脱贫先进户，共计奖励扶持资金 2.4 万元，孙秀又添了 2.6 万元购买了一辆小型农用货车。妻子主要在家照养生猪及地里庄稼。农业生产不忙时，自己就开着农用货车到附近物流园拉货送货做些小买卖，仅 2019 年后半年物流园拉货收入就有 2.5 万元。春节前后就近也做一阵泥瓦匠人，拓展收入渠道。

如今，在驻村工作队的帮扶和支持下，孙秀已好好地把以前盖了一半的房子又重新改建了一番，而且也都用上了水厕和淋浴，燃气管道也拉了进来。孙秀经常激动开心地说："现在我们的生活和城市的生活条件一模一样，甚至有些地方比城市还好，比如自家的农用货车在农村停车方便还不用缴费。"

现在，孙秀已成了孙家村养殖致富的领头人。村里养殖户有什么养殖问题都愿意向他们夫妇请教。他们夫妇俩也总是耐心细致、毫无保留地倾囊解答。生活越来越好的孙秀说："党和政府的精准扶贫政策使我们四口之家摆脱了贫困，走上了增收致富的小康之路，在今后的生活中，我会主动帮助需要帮助的人，同时我也会积极主动参与孙家村集体事务，把我们孙家村建设得越来越美。"

第四节　户级产业多元化，农民生活有奔头

习近平总书记指出："产业扶贫是最直接、最有效的办法，也是增强贫困地区造血功能、帮助群众就地就业的长远之计。要加强产业扶贫项目规划，引导和推动更多产业项目落户贫困地区。"互助县深入实施产业扶贫，围绕脱贫户持续增收这一核心，大力发展特色种养业、农产品加工业、特色农旅业和服务、运输、劳务输出等二三产业，在产业巩固提升上下功夫。另外，加快培育新型农业经营主体，采取"龙头企业＋脱贫户""农民专业合作社＋脱贫户""家庭农场＋脱贫户"的模式，实施好产业化扶贫项目，吸纳贫困户就业或者鼓励支持脱贫户将补助到户的资金入股，不断提高收入水平。

一、户级增收产业广，小康致富有希望

一分耕耘，一分收获。"户有增收产业"有助于增强贫困农户"造血"功能及自我发展能力，确保贫困群众增收和脱贫奔小康。互助县深入实施产业扶贫，围绕脱贫户持续增收这一核心，一是积极鼓励和引导贫困群众继续发展生猪、肉牛羊、奶牛、土鸡养殖、马铃薯、油菜、中药材等增收产业，以及符合区域定位和区位优势的特色农牧业、特色农旅业和服务、运输、劳务输出等二三产业。二是巩固到户产业，确保每一户贫困群众都有一项致富的产业。三是发展中药材产业，引进扶持发展龙头企业、合作社、家庭农场、种植大户等新型中药材经营主体，与龙头企业签订共建共享基地。四是认真做好易地扶贫搬迁户后续产业发展和后续扶持政策，确保搬迁群众"搬得出、稳得住、有产业、能致富"。

◆ ◆ 案例 ···

摸清户情找贫根，发展产业强造血

哇麻，在藏语里是"高台"的意思。几年前，在这片"高台"之上，老百姓面对的是泥泞的道路，破败的房屋，随处可见的垃圾。对于过好日子，很多老百姓想都不敢想。2015年10月国家实施脱贫攻坚战略后，省委组织部定点帮扶哇麻村。自此，村子里发生了翻天覆地的变化：路宽了、水电通了、房屋翻修了、环境整洁了。

驻村工作队在找准致贫原因后，一致认为脱贫要实现户有增收产业。他们根据哇麻村自然禀赋和群众意愿，带领贫困户大力发展特色种植养殖产业，帮助制定6个产业扶贫项目实施方案，并为哇麻村及贫困户共争取落实产业发展项目11个，共投入资

贫困户发展肉牛养殖业、当归和大葱种植业

农家乐

金 504.2 万元。

在发展特色养殖方面，用好 125.28 万元产业扶贫资金，扶持 47 户养殖杂种肉牛 87 头、8 户养殖土猪 88 头、5 户养殖肉杂鸡 550 只。着力打造葱花土鸡养殖基地，在哇麻村新建占地 2 亩的标准化规模葱花土鸡养殖场 1 处，年饲养出售葱花土鸡 3000 只，52 户贫困户分散养殖葱花土鸡 2500 只。在发展特色种植方面，争取"林下经济"当归种植项目 58.25 万元，扶持 108 户农户种植当归 564 亩；23 户贫困户种植长白葱 23.17 亩；开展青海 13 号小蚕豆种植试点，118 户农户种植小蚕豆 162 亩。指导成立哇麻村第一个合作社（互助县寿广种植养殖农民专业合作社），采取"合作社＋基地＋农户（贫困户）"的经营模式，由村支部书记、本村致富能人带头，带动 66 户贫困户脱贫致富。

同时，哇麻村还将发展乡村旅游产业作为拓宽群众增收渠道，扶持 10 户农户新建或改建农家乐，以此推动乡村旅游产业与特色种养殖产业融合发展，开辟发展村集体经济、脱贫户实现稳定脱贫的新路子。

二、"龙头企业＋农户"，村民腰包愈发鼓

精准扶贫以其前所未有的动员力量，吸纳多元社会力量参与到扶贫过程中来，企业是众多社会力量中的关键一员。在精准扶贫实施过程中，互助县涌现出一批龙头扶贫企业。这些企业通过建设生产基地和发送订单等形式，引导组织农民发展特色产品，促进了农业新兴产业的发展和农村产业结构的调整。

互助县扶贫产业园集中引进规模大、带动能力强的公司、专业合作组织入驻商展中心，开展产品加工、包装、展示、销售，推动了全县特色产业发展。扶贫产业园通过扶持产业龙头企业发展壮大，带动产业基地建设，促进了贫困群众脱贫致富。

"绣"出美好生活

土族盘绣,其"一针两线"的独特绣制针法、鲜亮的色彩搭配、古朴富有浓郁民族风格的图案展示,文化与艺术价值兼具,具有较好的产业发展前景,于2006年成功申报国家级非物质文化遗产名录。随着经济社会的快速发展,群众对盘绣这一传统文化重视程度不高,盘绣技艺几乎濒临消失。为抢救保护这一传统文化,互助县文化馆组建成立了金盘绣公司,致力于盘绣的保护和传承工作。

借助脱贫攻坚的东风,互助金盘绣土族文化传播有限公司以保护非物质文化遗产为使命,以打造具有"民族特色、民族风格、民族气质、民族精神"的文化产品为理念,以文化传承保护与带领当地妇女增收致富为"双目标",积极探索"扶贫+盘绣"产业模式。

2018年,金盘绣公司通过"妈妈制造""唯品会"等平台实现盘绣收入568万元。生产期绣娘人均月增收1893元,其中贫困绣娘(班彦村包兰索什姐)收入最高达17405元,盘绣带头人张卓么什姐年收入达3万元。自2019年班彦盘绣园扶贫车间发展运营以来,帮助班彦村实现村集体经济破零,收入达4万元。

现在,土族盘绣已成为助推精准扶贫、振兴乡村经济的绿色手工产业。全县已有5000余人从事盘绣制作,其中常年制作的达2000余人。公司绣娘达1700余名,其中建档立卡贫困绣娘117户,贫困绣娘年人均增收2800元。

第五节　样板村庄美名传，以点带面促脱贫

班彦村位于青海省海东市互助土族自治县五十镇，是一个传统的土族村落。行路难、吃水难、上学难、就医难、娶妻难……这些"难"曾长期困扰班彦村山上的 129 户村民。2016 年，班彦村五社、六社列入易地扶贫搬迁规划。

2016 年 8 月 23 日，习近平总书记冒着蒙蒙细雨，来到正在建设中的互助土族自治县五十镇班彦村，走过尚未完工的泥泞村巷视察扶贫工作，亲切看望村民。

"搬出大山奔小康"！在新村的辐射带动下，旧村在产业发展、基础设施现代化配置等方面也取得显著成效，班彦村也于 2017 年成功退出贫困村序列。

如今，班彦村民们住上了新房子，喝上了自来水，烧上了天然气，睡上了电热炕，用上了卫生厕所……如今的班彦新村，路通了，水来了，灯亮了，上学近了，就医方便了，村庄绿了美了，村里干净整洁了，干啥都方便了……村民们的心暖了。如今，大家养起了八眉猪，做起了绣花娘，酿起了酩馏酒，办起了农家乐，搞起了旅游业……增收门路多了，大家的干劲越来越足了。

班彦村的易地扶贫搬迁按照"搬得出、稳得住、有事做、能致富"思路，积极探索符合自身实际的产业发展之路，经历了从无到有、从弱到强的发展过程，积极利用已有传统技艺和资源优势，形成了"涵盖广泛、形式多样"的产业体系。班彦新村的"破茧成蝶"，是贫困村脱贫的典范，是数以万计各级扶贫干部工作成果的一个缩影，是各级党委、政府上下聚力脱贫攻坚工作的真实写照，更是履行党和国家"小康路上一个都不能掉队"庄严承诺的生动实践。

班彦旧村贫困户住房及周边环境

班彦村通上了天然气

贫困户用上了天然气

一、易地搬迁政策好，搬迁群众唱"主角"

青藏高原西北部，祁连山南麓，湟水北岸，这里是被誉为"彩虹故乡"的青海省海东市互助土族自治县，班彦村就是嵌在土乡衣襟上的一朵幸福之花。村名班彦，意为富裕和幸福，寄托了一代又一代村民的追求和梦想。班彦村共 369 户 1396 人，是一个纯土族聚居村，其中 129 户 484 人土族群众世代居住在贫瘠的山坳里，生存环境十分恶劣。

世居在山区的人们行路难、就医难、饮水难、上学难，种田靠天、吃水靠天，生产生活极为不便，山路崎岖，遇上雨雪天气，下山、上山望山兴叹，举步维艰。

告别深山，是许久以来山里人的深切渴望。易地扶贫搬迁，让梦想最终照亮现实，圆了班彦贫困群众的"安居梦"。

班彦新村大门

2016年8月23日，习近平总书记冒着蒙蒙细雨来到正在建设中的新村，走过尚未完工的泥泞村巷视察扶贫工作，再三嘱咐，"移民搬迁要充分征求农民群众意见，让他们参与新村规划"。

互助县委、县政府在落实"易地扶贫搬迁脱贫一批"政策时，让群众积极参与、建言献策，担当"主角"，做到了"搬迁意愿群众做主，建房户型选择群众做主，建筑材料选择群众做主，工程质量监督群众做主，产业选择群众作主"，并通过组建"项目建设监督委员会"。"五个做主"的落实，充分保障了群众的知情权、参与权和决策权。

从此，129户居民告别山上世代居住的穷窝，喜迁新居，叩开了幸福生活的大门，展现出一副"新农村、新产业、新发展"的美丽画卷。

二、发展壮大村内产业，拓宽村民增收渠道

村内五社、六社完成搬迁后，班彦村开始因村制宜构建村级多元产业格局。班彦村坚持对外承包与自主经营并行，再造村级经济结构。易地扶贫搬迁为村级产业发展提供了良好的条件：五社、六社搬迁后旧村土地全部退耕还林，新村位于平大公路边大旱台，对面有大量村内其他社的耕地，周边交通便利，且班彦新村内剩余闲置的土地可供建设。

班彦村根据产业发展具体条件，整合多项产业发展资金和资源，发展规模种养业、弘扬传统手工业、打造特色旅游业，并打造村级集体资产以增加集体经济收益。按照村级产业经营方式划分为自主经营式和对外承包式两类产业。

班彦村村级产业发展格局

产业名称	经营方式
商铺经营	自主经营：由村出租给农户
土族盘绣园基地	对外承包："公司＋基地＋绣娘"
肉驴养殖基地	对外承包："合作社＋致富带头人＋农户"
连栋温室大棚	对外承包："合作社＋承包者＋农户"
酩馏酒酿造作坊	对外承包："承包者＋基地＋农户"
特色旅游业	自主经营：由村向上争取项目和经营

其中，班彦村自主经营的产业包括商铺出租和特色旅游业。第一书记向省国土资源厅争取资金修建 10 间商铺以发展和壮大村集体经济，班彦村村委会负责出租给农户进行个体经营；通过整合东西部协作资金、高原美丽乡村项目资金，依托班彦村特有的红色旅游资源、休闲旅游资源、独特地质旅游资源，进行班彦特色旅游开发建设。其余村级产业如土族盘绣园基地、肉驴养殖基地、连栋温室大棚、酩馏酒坊等，其运营方式是班彦村对外承包并收取承包费用，再由公司和能人大户承包经营，同时带动贫困户发展。

班彦村肉驴养殖

三、六学六育凸显成效，文明新风润泽乡里

新村自有新气息，新人更有新形象。仓廪实而知礼仪，衣食足则倡文明。在积极推进物质扶贫的同时，互助县更加注重精神扶贫。在全省率先开展了"六学六育"主题活动和移风易俗助推精神脱贫行动。班彦村一方面将开展"六学六育"主题活动与民族团结进步创建工作有机融合，修订完善了村规民约，开办了新时代农民讲习所，大力革除高额彩礼、薄养厚葬、盲目攀比等陈规陋习。另一方面，在村内倡导尊老爱幼等传统美德，破除陈规陋习，并成立红白理事会、文娱委员会、道德评议会、禁赌禁毒会，在婚丧嫁娶礼金方面、村内孝亲敬老道德方面以及禁赌毒方面具体开展工作，促进了班彦村各族群众相互尊重、相互包容、相互学习、相互帮助，推动形成文明的社会风尚和先进的乡村文化。

更重要的是，班彦村注重对群众的感恩教育。搬迁完成后，村内

幼儿园师生开展社会实践活动

习近平总书记视察班彦村一周年感恩庆典活动

群众在班彦新村后山自发栽植"感恩林"，以此表达对总书记的敬仰和爱戴之情，在全村内营造听党话、感党恩、跟党走的砥砺前行氛围。班彦村在感恩中奋进，齐心协力奔小康的信心和决心更加凝聚，最终与全国人民一同在小康路上阔步前行！

四、班彦旅游，这边风景独好

旅游业是一项综合产业，有着"一业兴，百业举"的特殊效应。旅游业通过提供行、住、吃、游、购、娱等多种服务，极大地促进和带动相关产业进一步发展。班彦村村两委及扶贫工作队以带动经济可持续发展及产业多元化发展为原则，积极争取旅游项目，大力推进班彦村旅游业发展。

在创建省级乡村振兴示范村、海东市市级乡村旅游和民族团结进步示范村的进程中，班彦村实施了美丽乡村、基础设施和产业项目建设，踏上了乡村振兴的新征程。

2019年11月，搬出大山的班彦村在新村对面修建了一座生态农庄——一处集农业观光、景观展示、摄影、采摘、花卉销售、青少年科普教育、党员干部培训为一体的民族特色旅游观赏体验基地，打造成了现代农业观光旅游区。班彦村第一书记袁光平介绍，生态农庄于2020年6月26日试营业，每天吸引三五千人参观游玩，7月1日和2日的游客量达1.5万人，12辆小吃车全部就位。生态农庄为村民们提供了80个就业岗位，可有效带动农家乐、盘绣园、酩馏坊等产业齐发展。

如今来到班彦，果蔬连片生意盎然，刺绣织锦绚丽多彩，农家乐星罗棋布，休闲观光景色宜人。春踏润土，南风徐来青草烟迷；夏往避暑，绿荫醉酒花儿怡情；秋忙采摘，稼禾饱满甜酩飘香；冬赏冰雪，粉妆玉砌苍茫妖娆。

班彦村农家乐

班彦风情

后　记

脱贫攻坚是实现我们党第一个百年奋斗目标的标志性指标，是全面建成小康社会必须完成的硬任务。党的十八大以来，以习近平同志为核心的党中央把脱贫攻坚纳入"五位一体"总体布局和"四个全面"战略布局，摆到治国理政的突出位置，采取一系列具有原创性、独特性的重大举措，组织实施了人类历史上规模空前、力度最大、惠及人口最多的脱贫攻坚战。经过 8 年持续奋斗，现行标准下 9899 万农村贫困人口全部脱贫，832 个贫困县全部摘帽，12.8 万个贫困村全部出列，区域性整体贫困得到解决，完成了消除绝对贫困的艰巨任务，脱贫攻坚目标任务如期完成，困扰中华民族几千年的绝对贫困问题得到历史性解决，取得了令全世界刮目相看的重大胜利。

根据国务院扶贫办的安排，全国扶贫宣传教育中心从中西部 22 个省（区、市）和新疆生产建设兵团中选择河北省魏县、山西省岢岚县、内蒙古自治区科尔沁左翼后旗、吉林省镇赉县、黑龙江省望奎县、安徽省泗县、江西省石城县、河南省光山县、湖北省丹江口市、湖南省宜章县、广西壮族自治区百色市田阳区、海南省保亭县、重庆市石柱县、四川省仪陇县、四川省丹巴县、贵州省赤水市、贵州省黔西县、云南省西盟佤族自治县、云南省双江拉祜族佤族布朗族傣族自治县、西藏自治区朗县、陕西省镇安县、甘肃省成县、甘肃省平凉市崆峒区、青海省西宁市湟中区、青海省互助土族自治县、宁夏回族自治区隆德县、新疆维吾尔自治区尼勒克县、新疆维吾尔自治区泽普县、新疆生产建设兵团图木舒克市等29个县（市、区、旗），组织29个县（市、区、旗）和中国农业大学、华中科技大学、华中师范大学等高校共同编写脱贫攻坚故事，旨在记录习近平总书记关于扶贫工作的重要论述在贫困县的生动实践，29个县（市、区、旗）是全国832个贫困县的缩影，一个个动人的故事和一张张生动的照片，印证着人民对美好生活的向往不断变为现实。

脱贫摘帽不是终点，而是新生活、新奋斗的起点。脱贫攻坚目标任务完成后，"三农"工作重心实现向全面推进乡村振兴的历史性转移。我们要高举习近平新时代中国特色社会主义思想伟大旗帜，紧密团结在以习近平同志为核心的党中央周围，开拓创新，奋发进取，真抓实干，巩固拓展脱贫攻坚成果，全面推进乡村振兴，以优异成绩迎接党的二十大胜利召开。

由于时间仓促，加之编写水平有限，本书难免有不少疏漏之处，敬请广大读者批评指正！

本书编写组

责任编辑：陈建萍

封面设计：林芝玉

版式设计：王欢欢

责任校对：王春然

图书在版编目（CIP）数据

中国脱贫攻坚.互助故事／全国扶贫宣传教育中心 组织编写.— 北京：

  人民出版社，2022.10

（中国脱贫攻坚县域故事丛书）

ISBN 978－7－01－025190－5

I.①中…　II.①全…　III.①扶贫－工作经验－案例－互助土族自治县　IV.①F126

中国版本图书馆 CIP 数据核字（2022）第 196238 号

中国脱贫攻坚：互助故事

ZHONGGUO TUOPIN GONGJIAN HUZHU GUSHI

全国扶贫宣传教育中心　组织编写

人民出版社 出版发行

（100706　北京市东城区隆福寺街 99 号）

北京盛通印刷股份有限公司印刷　新华书店经销

2022 年 10 月第 1 版　2022 年 10 月北京第 1 次印刷

开本：787 毫米 ×1092 毫米 1/16　印张：13.25

字数：90 千字

ISBN 978－7－01－025190－5　定价：49.00 元

邮购地址 100706　北京市东城区隆福寺街 99 号

人民东方图书销售中心　电话（010）65250042　65289539